Semper eadem

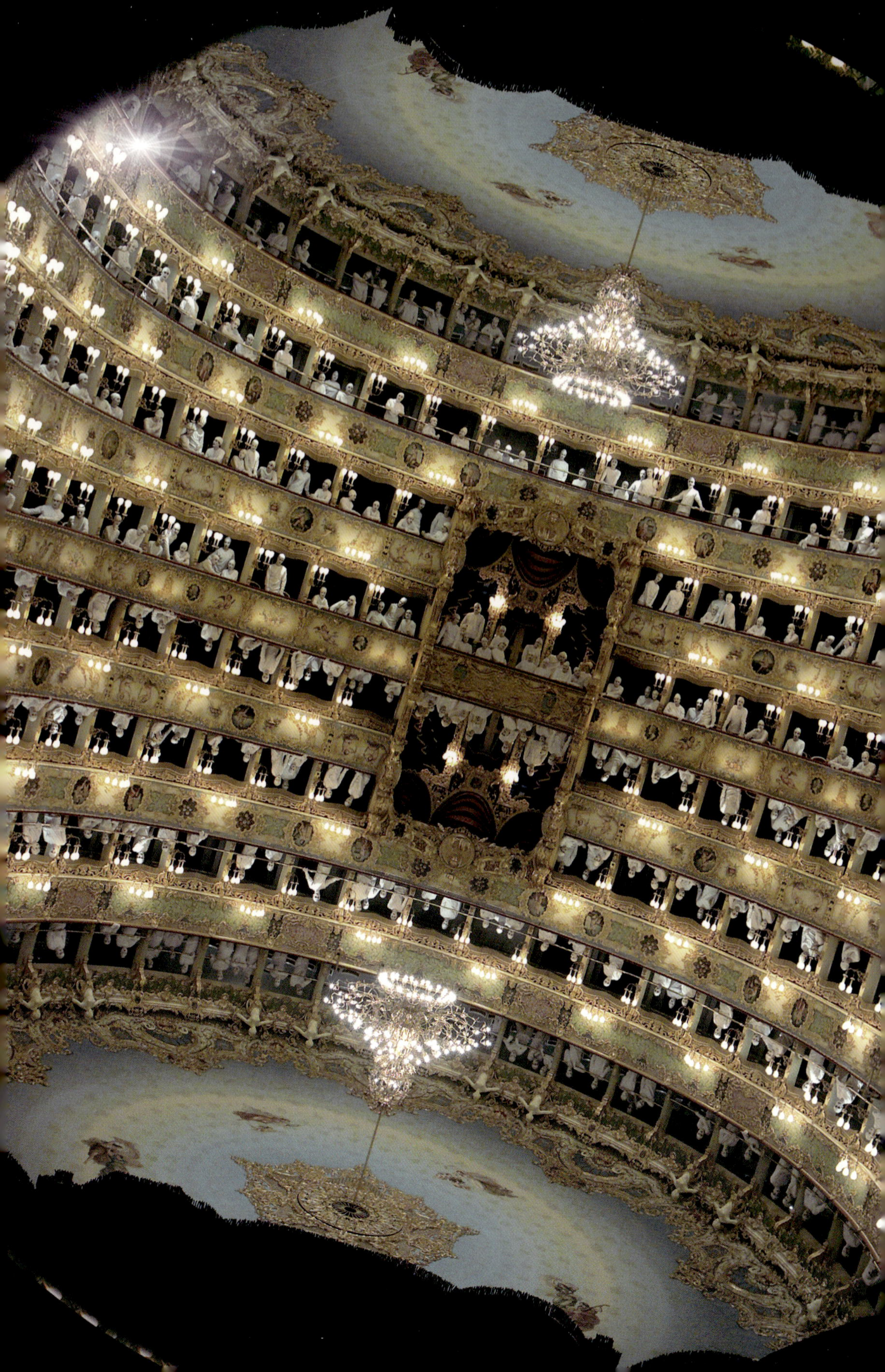

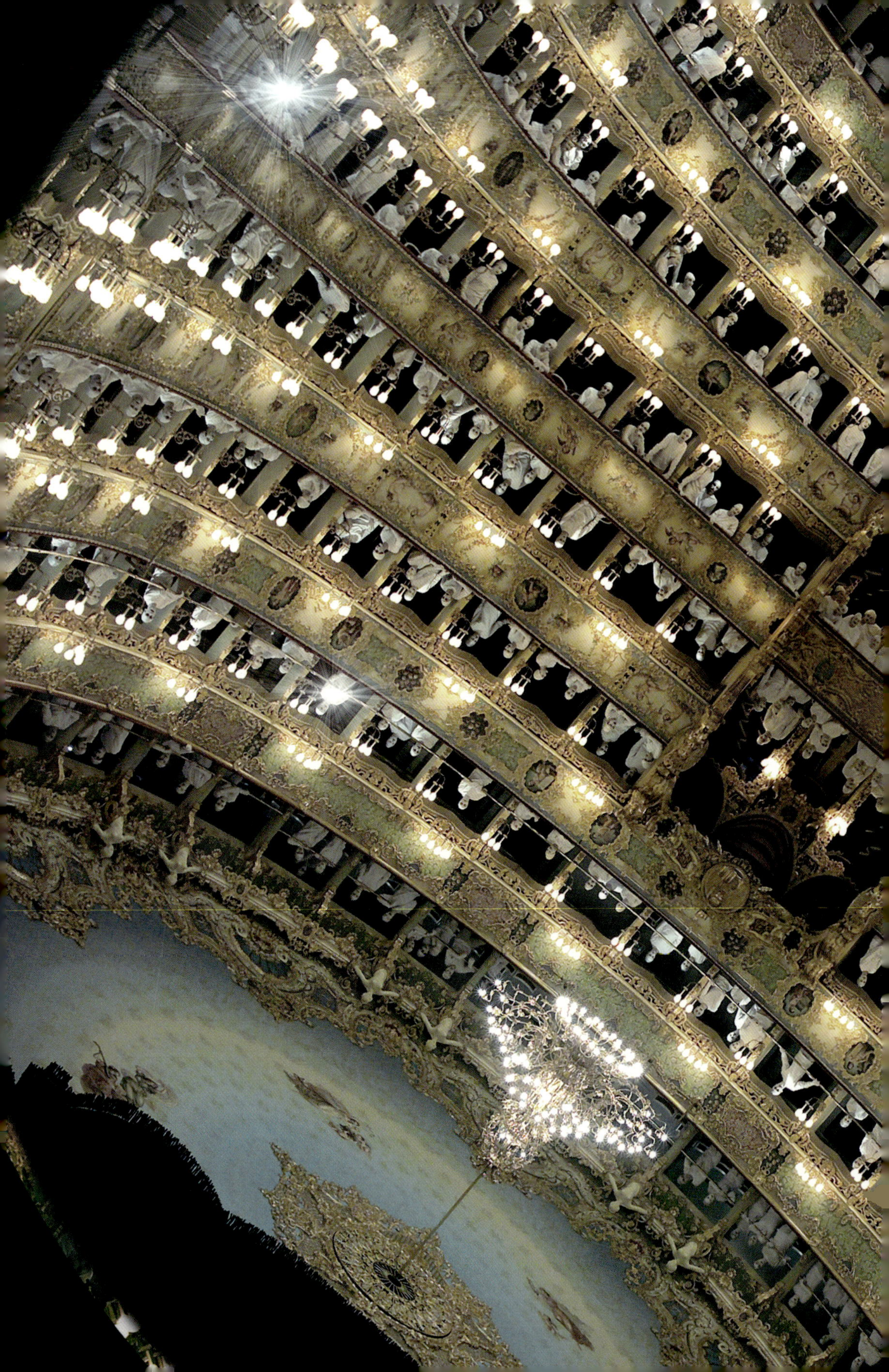

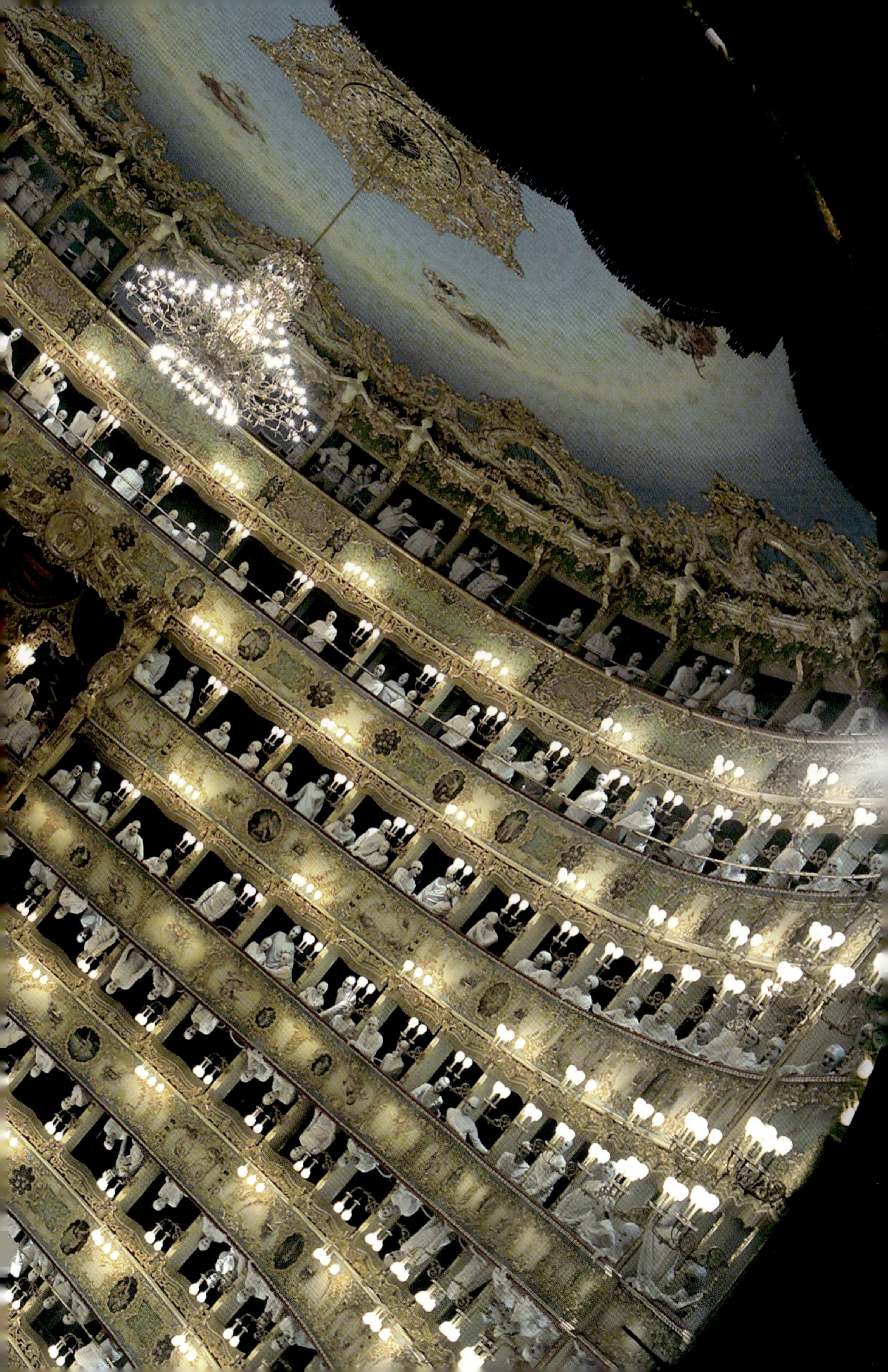

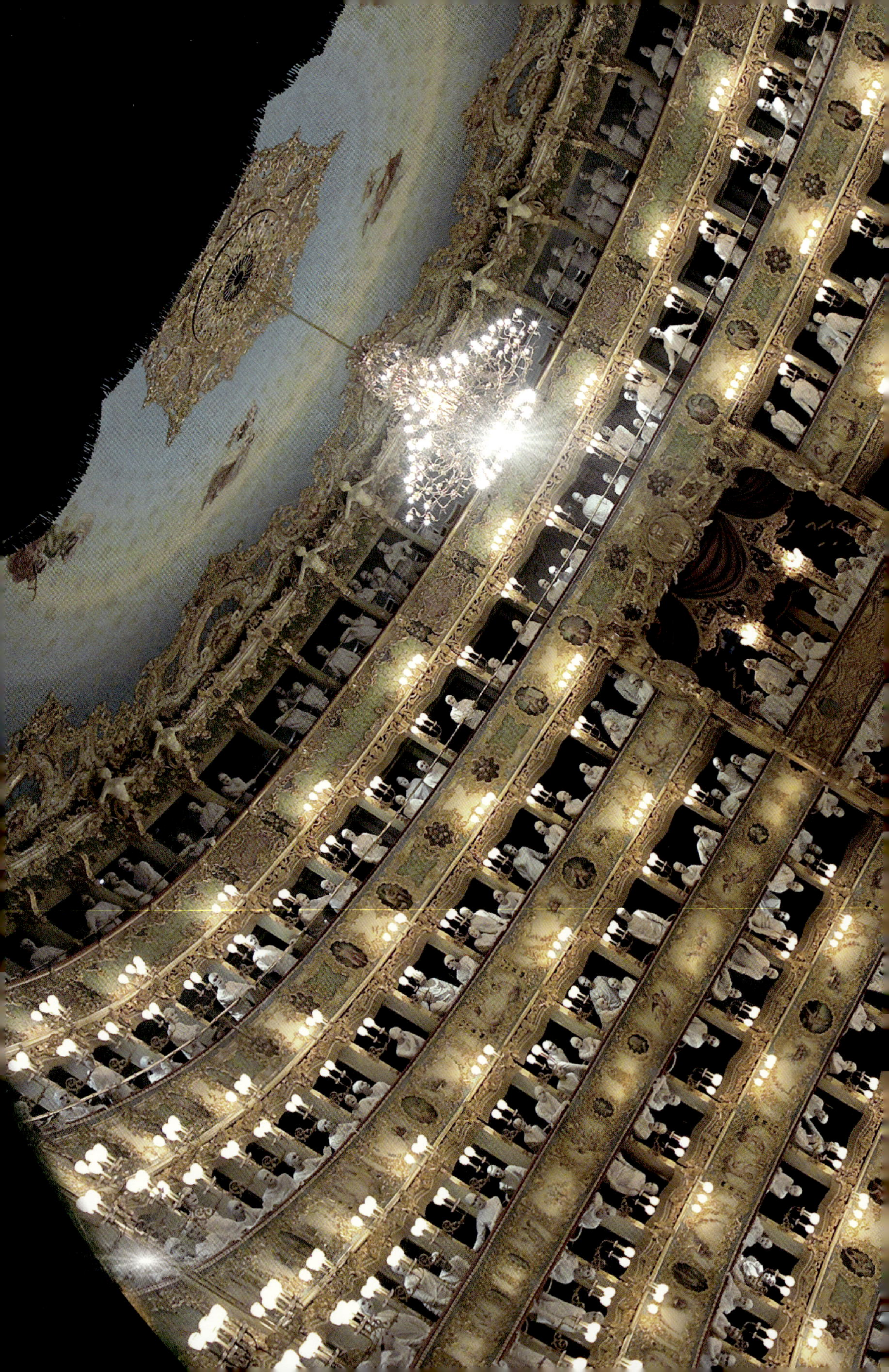

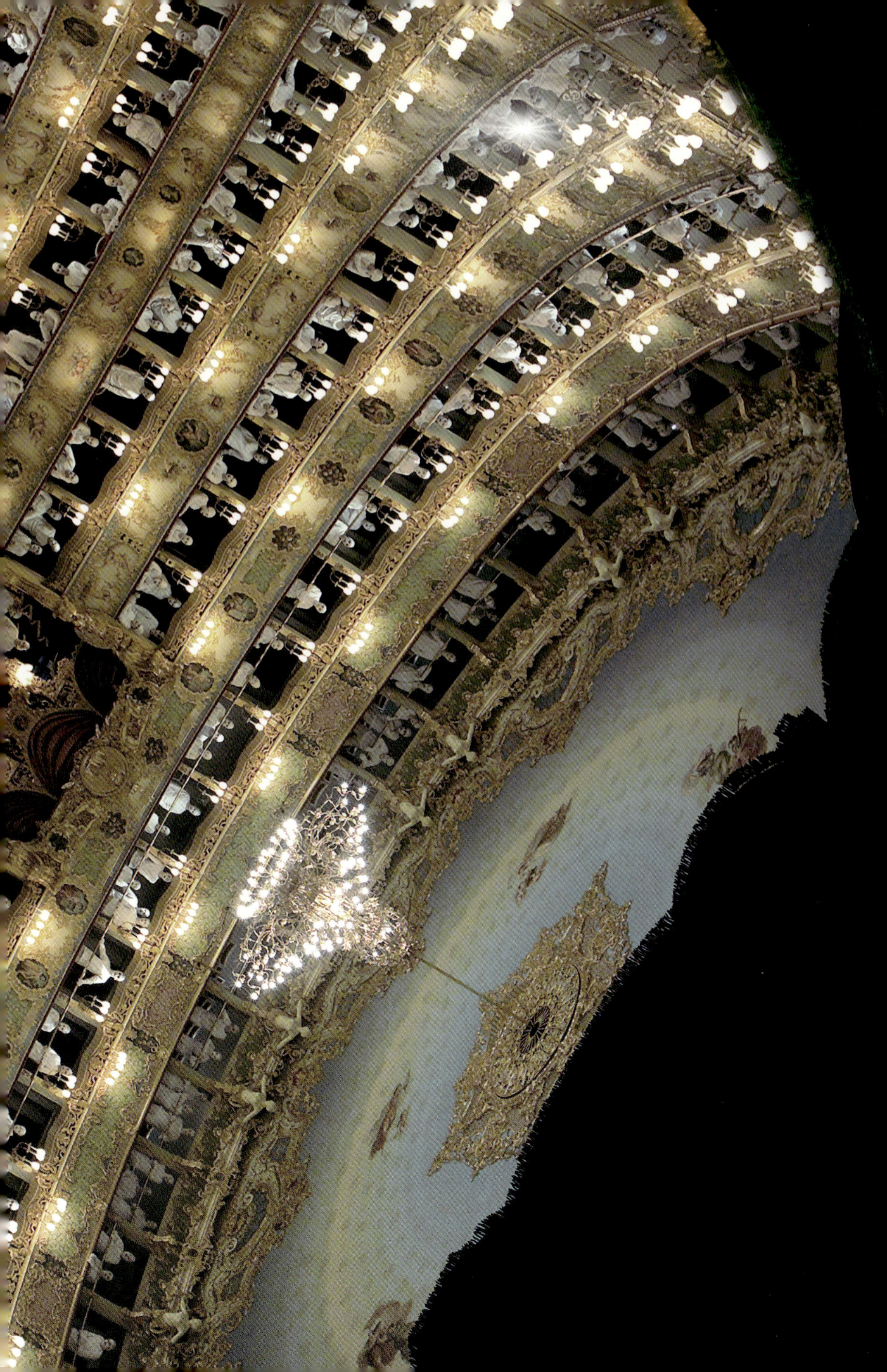

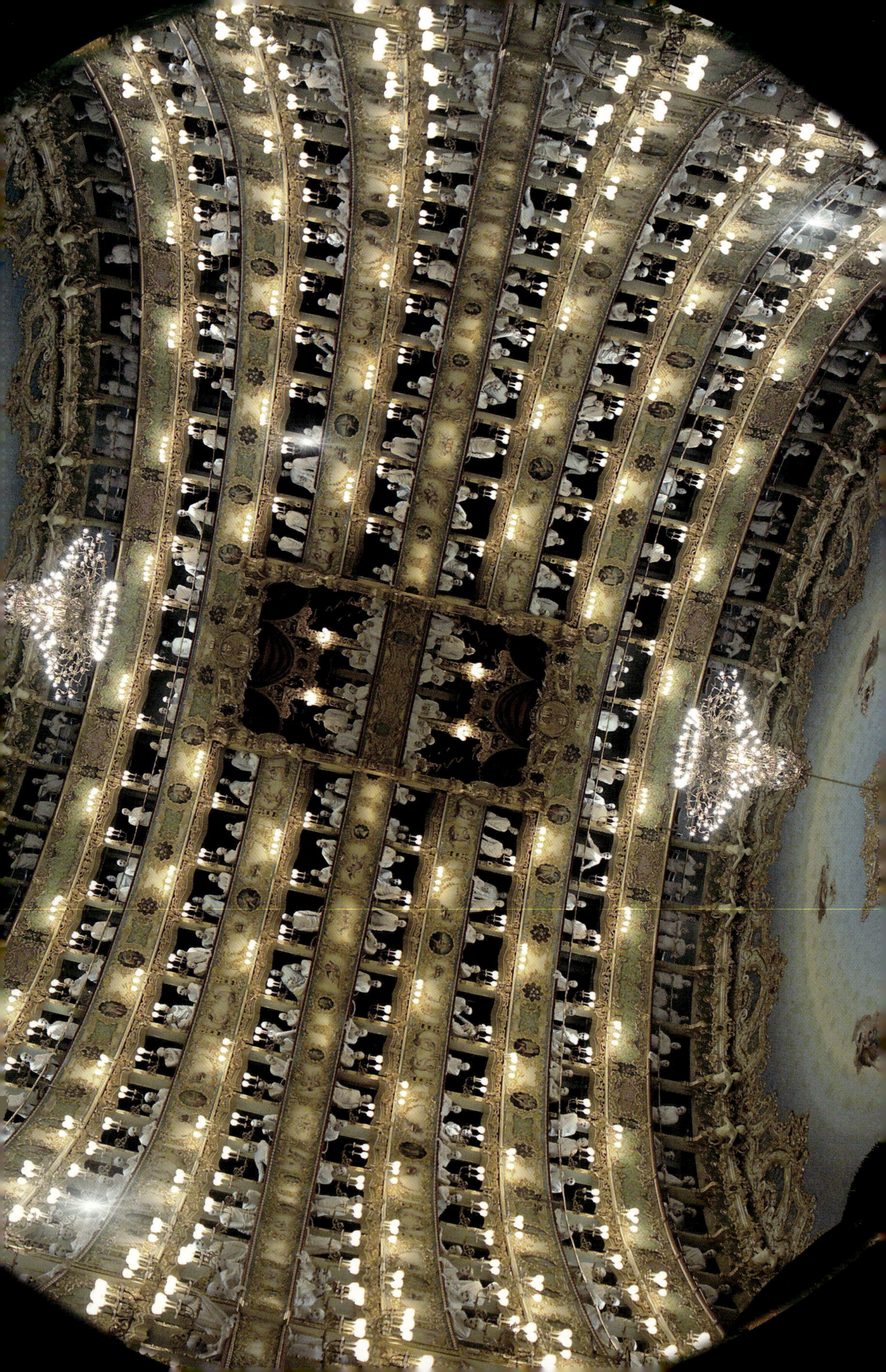

Grazia Toderi

CHARTA

Progetto grafico/Design
Gabriele Nason
con/with Daniela Meda

Coordinamento redazionale
Editorial Coordination
Emanuela Belloni
Elena Carotti

Redazione/Editing
Giorgia Kapatsoris
Charles Gute

Traduzione/Translation
Steve Piccolo
e/and
Karel Clapshaw (pp. 57, 59)
Thereza Davis (pp. 89-91)
Christopher Huw Evans (pp. 114-115)
Silvia Maiandi (p. 116)
Christopher Martin (p. 127)
Anna Nadotti (pp. 110-111)
Marguerite Shore (pp. 80-81, 119)
Benedetta Tissi (pp. 56, 58)

Trascrizione/Transcription
Federico Nicolao (pp. 64-68)

Copy e Ufficio stampa/Copywriting and Press Office
Silvia Palombi Arte&Mostre, Milano

Grafica Web e promozione on-line
Web Design and On-line Promotion
Barbara Bonacina

Copertina/Cover e/and p. 3-8
Semper eadem, 2004

ISBN 88-8158-501-4

Referenze fotografiche/Photo credits
Joseph Baroni, p. 128
Paolo Pellion, p. 33-35

Edizioni Charta
via della Moscova, 27
20121 Milano
Tel. +39-026598098/026598200
Fax +39-026598577
e-mail: edcharta@tin.it
www.chartaartbooks.it

Printed in Italy

Questo libro è pubblicato in occasione di/This book is published on the occasion of

Semper eadem
Gran Teatro La Fenice di Venezia

Proiezione video presentata prima di ogni rappresentazione de *La Traviata* e *Roi de Lahore,* stagione teatrale 2004-2005
Video projection presented before the performance of *La Traviata* and *Roi de Lahore*, theatrical season 2004-2005

e della mostra/and the exhibition

Grazia Toderi
Teatri
Fondazione Bevilacqua La Masa di Venezia

Galleria di Piazza San Marco
20 dicembre 2003-25 gennaio 2004
December 20, 2003-January 25, 2004

Progetto e libro a cura di
Project curator and book editor
Francesca Pasini

Il video Semper eadem *e il presente volume sono stati realizzati grazie alla collaborazione tra Fondazione Bevilacqua La Masa e Gran Teatro La Fenice*

The video Semper eadem *and this book have been realized thanks to the collaboration of Fondazione Bevilacqua La Masa and Gran Teatro La Fenice*

con il contributo di
with the sponsorship of

ACACIA Associazione Amici Arte Contemporanea

EPSON
Epson Italia

GENERALI

Si ringraziano/Thanks to

Giampaolo Vianello
Sovrintendente del/Superintendent of Gran Teatro La Fenice di Venezia

Bepi Morassi (*direttore produzione e organizzazione scenotecnica/director of production and staging*), Giovanni Pilon (*ufficio produzione e trasporti/production and transport organization*)

e/and
Francesco Basso, Euro Michelazzi, Roberto Rizzo, Roberto Vianello

Si ringraziano inoltre per la realizzazione di Semper eadem/ *Thanks also to the following for the realization of* Semper eadem

Davide Surano (*postproduzione video e supervisione/video post-production and supervision*), Paolo Pellion (*immagini fotografiche/photographic images*), Emilio Bianco, Barbara Sales, Roberto Tealdi (*immagini digitali/digital images*), Willy Darko, Pino Mendolicchio (*riprese video/ video taping*), Agostino Santoleri (*audio*), Alessandro De Pasquale (*proiezione video/video projection*) Stefano Coletto, Marcela Cernadas (*coordinamento/coordination*)

e/and
Stefano Burnazzi, Marta Campana, Stefania Gagliano, Martino Genchi, Ivana Hils, Jennifer Knaeble, Mariano Lázáry, Francesco Lumine, Irina Mangir, Dino Orsato, Nicolas Polienronis, Massimo Premuda, Predrag Prtenjaca, Chiaralice Rizzi, Cecilia Sergi

Paolo Cunial, Keira Fiorini, Laura Rossi, Elena Serpotta

Per il sostegno e i consigli
For their help and suggestions

Marco De Michelis
Viviana Kasam
Gilberto Zorio

Un particolare ringraziamento a
Special thanks to

Galleria Gio' Marconi, Milano
Galleria f a projects, London
Galleria S.A.L.E.S., Roma
Galleria Franca Mancini, Pesaro
Galleria Meert – Rihoux, Bruxelles
Galleria VistaMare, Pescara

L'artista desidera ringraziare gli autori dei testi/The artist wishes to thank the authors of the texts

Joseph Baroni, Marcella Beccaria
Laura Cherubini, Ester Coen
Massimilano Gioni, Gianfranco Maraniello, Rosa Martinez
Hans Ulrich Obrist, Giulio Paolini
Francesca Pasini, Sergio Risaliti
Nancy Spector, Harald Szeemann,
Giorgio Verzotti, Angela Vettese

Archivio Grazia Toderi, Castello di Rivoli Museo d'Arte Contemporanea, Rivoli, Torino

ed esprimere la propria gratitudine a
and to express her gratitude to

Associazione ACACIA, Peter Allmann, Carlotta Arlango, Euridice Arratia, Ami Barak, Giorgio Battistelli, Mark William Beckermann, Alessandro Beonio Brocchieri, Chiara Bertola, Stefano Boeri, Francesco Bonami, Achille Bonito Oliva, Stefania Bortolami, Saskia Bos, Caroline Bourgeois, Fiona Bowie, Cecilia Brunson, Jacqueline Burkhardt, Sergio Casoli, Pier Giovanni Castagnoli, Fabio Cavallucci, Germano Celant, Luca Cerizza, Federica Cimatti, Saretto Cincinelli, Gail Cochrane, Carla Conca, Bice Curiger, Francesca Dall'Armi, Roberto Daolio, Emanuela De Cecco, Anne de Villepoix, Giulio di Groppello, Giacinto Di Pietrantonio, Costantino D'Orazio, Danilo Eccher, Paolo Fabbri, Volker W. Feierabend, João Fernandes, Paula Fernandes, Elena Geuna, Ida Gianelli, Petra Giloy-Hirtz, Horatio Goñi, Venanzia e Felice Grosso, Hou Hanru, Christian Haye, Maddalena e Paolo Kind, Alois Kölbl, Helena Kontova e Giancarlo Politi, Emmanuel Latreille, Emma Lavigne, Sophie Legrandjaques, Veit Loers, Eleonora Louis, Giuseppe Lufrano, Enrico Lunghi, Giorgio Marconi, Marian Masone, Jonathan Middleton, Luca Molinari, Dominic Molon, Paola Morsiani, Jean Louis Moubant, Gregor Muir, Giuliana Picarelli, Cloe Piccoli, Roberto Pinto, Ludovico Pratesi, Grazia Quaroni, Johannes Rauchenberger, Michel Rein, Patrizia e Agostino Re Rebaudengo, Gianni Romano, Alma Ruiz, Jerome Sans, Claudio Scotto, Giuliana e Tommaso Setari, Virgilio Sieni, Gavin Smith, Emanuele Soru, Renato Soru, Massimo Sterpi, Luca Stoppini, Vicente Todolí, Neri Torrigiani, Marieke van Hal, Simona Vendrame, Miguel von Hafe Perez, Jonathan Watkins, Renate Wiehager, Ileana, Giacomo e Michele Zaza

e/and
Rosa, Giovanni, Marco e Stefano Toderi

Sommario/Contents

14 Arte contemporanea e teatro lirico

17 Contemporary Art and Opera
Angela Vettese

22 Il segreto della luce riflessa

38 The Secret of Reflected Light
Francesca Pasini

56 Grazia Toderi

57 Grazia Toderi
Harald Szeemann

61 La promessa di immobilità del Tempo

62 The Promise of Time's Immobility
Giulio Paolini

64 Conversazione con Grazia Toderi

69 Conversation with Grazia Toderi
Hans Ulrich Obrist

75 Antologia/Anthology 1996-2003

129 Elenco delle opere/List of Works

133 Apparati/Appendix

Arte contemporanea e teatro lirico

La Fondazione Bevilacqua La Masa è fiera di potere iniziare un matrimonio che, in Italia, non ha sostanzialmente precedenti: quello tra arte contemporanea e teatro lirico, cioè tra linguaggi artistici differenti che possono finalmente dimostrare la loro affinità. È con enorme gratitudine che ringraziamo chi ha reso possibile tutto questo, il Gran Teatro La Fenice di Venezia.

Con lungimiranza e apertura, si è permesso anche in Italia un dialogo tra generi che altrove è iniziato da tempo, soprattutto presso l'Opera di Vienna grazie all'organizzazione MuseumINprogress; l'elemento che rende unico questo evento è il fatto che Grazia Toderi abbia dedicato un intero ciclo di opere, appunto, ai teatri lirici, già esposto al pubblico nella mostra antologica presso la Bevilacqua La Masa nell'inverno del 2003; quest'ultimo lavoro sulla Fenice rappresenta il compimento di quella mostra e la realizzazione di un desiderio espresso tanti anni fa, nel 1999, all'epoca in cui Harald Szeemann invitò l'artista a partecipare alla Biennale di Venezia. L'essere riuscita a realizzare quel sogno, nonostante la distruzione e la ricostruzione del teatro, si presenta a noi come un omaggio alla forza della passione ancora prima che della volontà, alla miracolosa capacità di superare gli ostacoli che nasce quando non si hanno dubbi.

Girato in un solo, intensissimo giorno di fine estate, con l'aiuto di poche comparse chiuse nel teatro per dodici ore con l'artista e un piccolissimo staff tecnico, il video *Semper eadem* nasce per essere proiettato sullo schermo frangifuoco. L'immagine che ne deriva rispecchia l'emiciclo e quindi raddoppia l'andamento concavo dei palchi. Tra l'oro delle decorazioni, il baluginio delle lampade e un verde che volutamente ricorda la pittura di Giorgione e Tiziano, lo spettatore viene a trovarsi al centro di una ruota sognante. Metà di essa è occupata da un pubblico "vero" ed è tridimensionale, l'altra metà si appiattisce su di una superficie da cui occhieggiano figure bianche ed enigmatiche: forse sono gli spettatori di ogni epoca, resi identici dal trascorrere del tempo, dei modi di vestire e delle mentalità. O forse quello non è il pubblico del passato, ma di sempre, e quindi anche del futuro. Se così fosse, noi saremmo da entrambe le parti, qui e ora con il corpo, sempre e comunque in *imago*, dentro lo scorrere ad anello del tempo che qui, nelle scansioni dei palchi, trova anche una metafora visiva della sua ripetitività.

È in questo senso che il titolo del video, l'aforisma che sta a significare "sempre uguale a se stessa", si allontana dal riferimento all'animale

fantastico che dà nome al teatro e si incarna in una maniera di concepire la cultura dell'Occidente, della quale il teatro lirico è tanto consustanziale: al tempo stesso è transitoria e perenne, fatta di differenti passaggi ma unitaria e portatrice di un canone.
A tale canone, che nasce dalla storia dell'arte ma anche, a pari livello, dalla crescita della tecnologia, occorre aggiungere appunto gli esiti di quest'ultima, che non cassa ma amplia il vecchio verbo. Grazia Toderi fa parte della prima generazione integralmente cresciuta con la televisione, lo strumento che ha sovvertito la rigida separazione tra dentro e fuori e, soprattutto, portatrice nell'alveo della casa di un mondo altro e grandissimo. In questo senso comprendiamo come l'idea del teatro possa essere compatibile con il raddoppiamento: proprio la televisione ci fa chiedere da quale parte stia la rappresentazione, da quale parte stiamo noi, quanto siano vitali gli intrecci tra i fatti e la proposta della loro ripetizione in chiave mediatica.
Nelle opere di Grazia Toderi compare sempre un aspetto di lieve suspense. In uno dei suoi primi video, c'è un bicchiere al centro di un lavandino e in esso, sotto un getto d'acqua costante, due foglie di basilico danzano nella tensione: ce la faranno a scappare dal vortice che le tiene insieme? Nel video presentato alla Biennale del 1993, una pianta di nontiscordardime riceve docce violente e improvvise: sopravviverà? Nell'opera intitolata *Zuppa dell'eternità e luce improvvisa*, omaggio a un capitolo de *La Montagna Incantata* di Thomas Mann, l'artista stessa compare sul fondo di una piscina mentre cerca di aprire un ombrello: per quanto potrà reggere l'apnea? E come ci salveremmo in città se ci trovassimo sospesi nell'aria? Come nella serie dei suoi video centrati sulle città dall'alto, sperando in piste di atterraggio fatte di piccole luci, fari, costellazioni che ci guidano come le luci di un aeroporto.
La paura e la capacità di calmarla, l'ansia e i piccoli meccanismi inventati per dominarla, sembrano essere stati per anni i protagonisti di queste realizzazioni. Ma le preoccupazioni dell'individuo, nel suo micromondo emotivo, sono sempre state estese da Grazia Toderi alla dimensione della collettività: senza utopismo politico – a un'italiana nata nel 1963 non è dato, avendo visto nell'adolescenza il fallimento di fermenti che sfociavano nel terrorismo – ma con una speranza ragionevole.
Gli stadi dove si svolgono competizioni sportive, ma soprattutto i teatri diventano per eccellenza il luogo di queste tensioni, sintomo di una commedia umana che si ripete sempre uguale ma che, soprattutto dopo la rivoluzione mediatica, confonde sempre di più le proprie carte. Chi recita, chi assiste? Non potremmo forse pensare che le due parti siano sempre più interagenti? In fondo questa è già stata la premessa della poetica di Giulio Paolini, da sempre riferimento dell'artista e non a caso presente in questo volume con una sua generosa testimonianza.
Un'intera genealogia di opere precede quest'ultima realizzazione alla Fenice e ne dispiega i fondamenti. Il video del 1998 che riprendeva il Teatro Comunale di Modena fu un omaggio a Bagdad, partendo dai racconti delle *Mille e una notte* per arrivare poi a Pasolini e alle drammatiche immagini

televisive del 1990: il cielo che sostituiva il soffitto era forse un ricordo anche del fuoco contraereo. Nel 1999 Grazia Toderi ha filmato il teatro di Ferrara in *Eclissi*, dove compaiono binocoli per osservare le stelle e dove la luce va e viene lentamente pulsando. Nel 2000 l'artista ha dedicato un altro video al Teatro Comunale di Casale Monferrato, dove di nuovo un cielo sostituisce il soffitto, questa volta ruotando. Nel 2001 ha lavorato al Teatro Massimo di Palermo, dove di palco in palco, sorprendenti e festosi, comparivano flash scattati da spettatori fantasmatici che ricordano quelli di *Semper eadem*. Nel 2002 ha ripreso il Teatro Sociale di Bergamo, vuoto, immettendovi sette luci che, creando una costellazione, evocano le sette note musicali. Nel 2003 l'artista ha ripreso il Teatro Rossini di Pesaro mettendo noi spettatori al posto di un ipotetico palcoscenico, di fronte a una miriade di orchestrali che, dai palchi, provano ciascuno per conto proprio *ouvertures* e motivi rossiniani. L'artista ha duplicato riflettendolo il Teatro di Verzura di Villa Caprile a Pesaro (2003), precorrendo un'altra parte del metodo del nuovo video. È come se lo sguardo ruotasse da sotto a sopra, come succede quando ci si rilassa sdraiati sull'erba e si incominciano a vedere le cose da un punto di vista ribassato e nuovo.
Ma appunto, questo ribaltamento ci riporta alla rotazione, una parola che si può riferire a quasi tutti i lavori di Grazia Toderi. La forma del teatro all'italiana diventa, se vista in questo modo e con due curve che ne segnano il sopra e il sotto, una ruota come quella in cui passeggiava l'astronauta di Kubrick. Anche i ritratti aerei delle città e le visioni degli stadi dall'alto si connotano per una rotazione.
Una persona che ha visto come sua prima immagine televisiva i passi dell'uomo sulla luna è curiosa più di altri riguardo alla forma dell'universo, alla rotazione degli astri e delle galassie, alla mancanza di punti fissi di osservazione e al ruotare continuo, anche se inconsapevole, del nostro stesso sguardo. In questo amore per il vortice c'è forse qualcosa di personale; ma è l'aspetto di etica collettiva quello che assume veramente senso.
Notiamo come la bellezza, in queste opere così come nel mondo biologico, non sia fine a se stessa ma sia un mezzo per attirarci, sedurci e portarci verso domande cruciali: dove siamo, dove stiamo ruotando? In che teatro abbiamo scelto di vivere? Quale punto di equilibrio ci sorregge? Siamo capaci di pensare alla vita come alla sola vita di cui disponiamo, e non come a una prova generale o addirittura a un'immagine evanescente?
Un vivo ringraziamento, ancora, a chi ha capito che queste domande sono le stesse che si pone ogni arte, compresa quella della lirica: un mondo che non è affatto incompatibile, ma anzi affine alla sperimentazione visiva contemporanea. Soprattutto in Italia, dove antico e recente si accavallano fruttuosamente da sempre, sia benvenuta l'alleanza tra le arti e la compatibilità delle opere, anche quando derivino da epoche e discipline diverse.

Angela Vettese
Presidente della Fondazione Bevilacqua La Masa

Contemporary Art and Opera

Fondazione Bevilacqua La Masa is proud to begin a marriage that, in Italy, is substantially unprecedented: a marriage between art and opera, i.e., between different artistic languages that can finally reveal their affinities. We would like to express our enormous gratitude to those who have made all this possible: the Gran Teatro La Fenice of Venice.

Farsighted openness has permitted this dialogue between genres in Italy as well, a dialogue that has been in progress elsewhere for some time, above all at the Vienna Opera, thanks to the MuseumINprogress organization. What makes this event unique is the fact that Grazia Toderi has devoted an entire cycle of works to opera houses, works already seen in the retrospective exhibition presented by Fondazione Bevilacqua La Masa during the winter of 2003. This latest work on the Fenice, therefore, represents the completion of that exhibition and the realization of a desire expressed long ago, in 1999, when Harald Szeemann invited Toderi to participate in the Venice Biennial. Having managed to make this dream come true, in spite of the destruction and reconstruction of the theater, is a tribute, to the force of passion more than that of will, to the miraculous capacity to overcome obstacles that is generated by a total absence of doubt.

Shot in a single, very intense late-summer day, with the help of a few extras who worked with the artist and a very small crew over the course of twelve hours in the theater, the video *Semper eadem* was created for projection on the firewall. The resulting image reflects the semicircle of the hall, doubling the uterine curve of the balconies. Amidst the gilded decorations, the glow of the lamps and a green that is an intentional reminder of the paintings of Giorgione and Titian, the spectator finds himself at the center of a dream-inducing wheel. Half of it is occupied by a "real" three-dimensional audience, while the other half is flattened against a surface from which white, enigmatic figures look out: perhaps they are the spectators of all eras, made identical by the passing of time, and the passing of ways of dressing and thinking. Or perhaps it is not an audience of the past, but of always, and therefore also of the future. Were this the case we would be on both sides, here and now with the body, always and in any case in the image, inside the ring-like movement of time that here, in the rhythm of the balconies, also encounters a visual metaphor for its repetitive nature.

It is in this sense that the title of the video, the aphorism that means "always equal to itself," departs from the reference to the mythical beast (phoenix) cited in the name of the theater, and becomes a way of conceiving of Western culture, which is so fully embodied by opera: simultaneously transient and eternal, composed of different passages but the bearer of a unified canon.

To this canon, born of art history but also on equal footing with the growth of technology, we must add precisely the results of this latter category, which does not erase but augments the old scripture. Grazia Toderi is part of the first generation to live childhood entirely in the company of television, the instrument that has subverted the rigid separation between inside and outside, and above all the vehicle that has brought an enormous, other world into the shelter of the home. In this sense, we can understand how the idea of the theater can be compatible with its doubling: precisely television makes us wonder which side the performance is on, which side we are on, just how vital are the interweavings between the facts and their proffered repetition in mediated form.

In the works of Grazia Toderi there is always a slight sensation of suspense. In one of her first videos a glass at the center of a sink, under a constant flow of water, contains two basil leaves that dance in the tension: will they manage to escape from the eddy that holds them together? In the video presented at the Biennale of 1993, a forget-me-not plant undergoes violent, sudden showers of water: will it survive? In the work entitled *Zuppa dell'eternità e luce improvvisa*, tribute to a chapter of *The Magic Mountain* of Thomas Mann, the artist herself appears at the bottom of a swimming pool, trying to open an umbrella: how long can she go without breathing? And how would we save ourselves in the city, if we were suspended in the air? As in the series of videos of cities seen from above, hoping for runways with little lights, beacons, constellations to guide us, like those of an airport. Fear and the ability to quell it, anxiety and the little mechanisms invented to tame it, for years seem to have been the protagonists of these works. But the concerns of the individual, of the emotional microcosm, have always been extended by Grazia Toderi to the collective dimension: without political utopianism–not to be expected of an Italian born in 1963, who as a teenager witnessed the failure of movements that led to terrorism–but with a reasonable kind of hope.

The stadiums where sporting competitions take place, and above all the theaters, become, par excellence, the place of these tensions, symptomatic of a human comedy that repeats itself, always the same, but which in the wake of the media revolution increasingly shuffles its cards. Who is acting and who is watching? Might we not be tempted to think about increasing interaction between the two parts? In the end, this was already the basis for the poetics of Giulio Paolini, always a point of reference for Toderi, and not coincidentally a contributor to this volume.

An entire genealogy of works leads up to this latest project at the Fenice, forming its foundations. The video in 1998 featuring the Teatro Comunale of Modena was a tribute to Baghdad, starting with the stories of the *Arabian Nights* to then reach Pasolini and the dramatic televised images of 1990: the sky in the place of the ceiling was, perhaps, also a memory of the anti-aircraft fire seen on television. In 1999 Grazia Toderi filmed the theater of Ferrara in *Eclissi*, where binoculars appear to observe the stars, and the light slowly comes and goes, pulsating. In 2000 the artist made another video at the Teatro Comunale of Casale Monferrato, and once again a sky replaces the ceiling, but rotating this time. In 2001 she worked at Teatro Massimo in Palermo, where from balcony to balcony, surprising, festive flashes appeared from shots taken by the gostly spectators, who remind us of those in *Semper eadem*. In 2002 Toderi shot video of the Teatro Sociale of Bergamo, empty, with seven lights inserted to create a constellation, evoking the seven musical notes. In 2003 the artist worked on Teatro Rossini in Pesaro, putting us spectators in the position of a hypothetical stage, facing a myriad of orchestral players who, from the seats, were individually rehearsing different overtures and melodies by Rossini. She has also duplicated, by reflection, the Teatro di Verzura of Villa Caprile in Pesaro (2003), in a harbinger of another part of the method of the new video. It is as if one's gaze were rotating from below to above, as happens when we relax, stretched out on the grass, and start to see things from a new, lower vantage point.

This overturning brings us back to the idea of rotation, a word that applies to almost all of Grazia Toderi's works. The form of the Italian-style theater becomes, if seen in this way, with two curves marking above and below, a wheel like the one in which Kubrick's astronaut walked. Even the aerial portraits of cities and the views of stadiums from above are characterized by a rotation.

A person whose first televised image was that of man's steps on the moon has more curiosity than others regarding the form of the universe, the rotation of the stars and the galaxies, the lack of fixed observation points, the continuous though unconscious turning of our own gaze. In this love for the vortex there is something personal, perhaps; but what truly takes on meaning is the aspect of a collective ethic.

We notice how beauty, in these works as in the biological world, is not an end in itself, but a means of attracting, seducing, leading us toward crucial questions: where are we, where are we rotating? In what theater have we chosen to live? What point of equilibrium sustains us? Are we capable of thinking of life as the only one we have, not as a dress rehearsal or even a fleeting image?

Heartfelt thanks, again, to those who have understood that these questions are the same ones posed by every art, including opera: a world that is not, in fact, incompatible, but full of affinities with contemporary visual experimentation. Above all in Italy, where the old and the recent have always productively overlapped, let us welcome the alliance among the arts and the compatibility of works, even when they come from different eras and different disciplines.

Angela Vettese
President of the Fondazione Bevilacqua La Masa

Francesca Pasini
Harald Szeemann
Giulio Paolini
Hans Ulrich Obrist

Francesca Pasini

Il segreto della luce riflessa

Il teatro e la città sono fratelli nati nella stessa culla: la democrazia ateniese. La loro nascita segna la cultura dell'Occidente e una società in cui il popolo è costituito dai cittadini aventi diritto di voto: così i politologi Robert Dahl e Giorgio Galli traducono il termine *demos*. Il potere e la forza (*chratos*) del popolo (*demos*) si esprimono attraverso il consenso o la critica alla gestione della *polis*, che è il luogo della convivenza e del confronto. *Demos*, *chratos*, *polis*, sono molto più che parole, sono immagini dense e duttili con le quali si sono create le molteplici figure della convivenza umana, che vanno sotto il nome di *politica* e *democrazia*. E non è un caso che, proprio nell'epoca aurea dell'Atene periclea, la volontà di narrare trovi nella forma della tragedia e nel teatro l'occasione per interpretare la grande stesura mitica dell'era arcaica in accordo col sorgente ordine democratico e con il nuovo concetto di *polis*. Per farlo era necessario un luogo in cui partecipare. Da allora la presenza di un teatro è sinonimo di una realtà urbana che si rispecchia nella convivenza tra spettatore e attore, tra storia individuale anonima e racconto d'autore. È forse la prima immagine di scambio culturale e di comunicazione sociale. L'ascolto e la visione delle scene danno a tutti l'opportunità di interagire con la ricerca poetica ed estetica, mentre l'esperienza collettiva qualifica il sentimento di appartenenza urbana.

Sono cose che sappiamo, ma ogni volta che ci ripenso provo una specie di euforia retroattiva per l'origine dell'invenzione. Le città e i teatri si sono modificati, ma non riesco a non collegarli a quel momento iniziale, forse sono troppo influenzata dalle letture che, di volta in volta, sono state fatte della tragedia greca e del suo rapporto di sorellanza con la democrazia.

Nei *Teatri* di Grazia Toderi, in questi involucri sospesi tra la terra e il cielo, riconosco la passione per l'origine di una convivenza culturale e sociale in cui, insieme alla trasfigurazione architettonica, emerge il legame sfuggente col presente.

I *Teatri* di Grazia Toderi sono veicoli che spesso ospitano altri veicoli, che, a loro volta, ci parlano di un altro grande evento teatrale: il viaggio nello spazio. Forse, anche all'origine del teatro greco la narrazione in chiave urbana di miti che sprofondavano nei millenni avrà suggerito l'idea di un viaggio nel cosmo.

Se pensiamo a luoghi non attraversabili fisicamente è abbastanza facile immaginarseli come immensi palcoscenici in cui si muovono attori e succedono cose in qualche modo avvicinabili a quelle che viviamo. Non per-

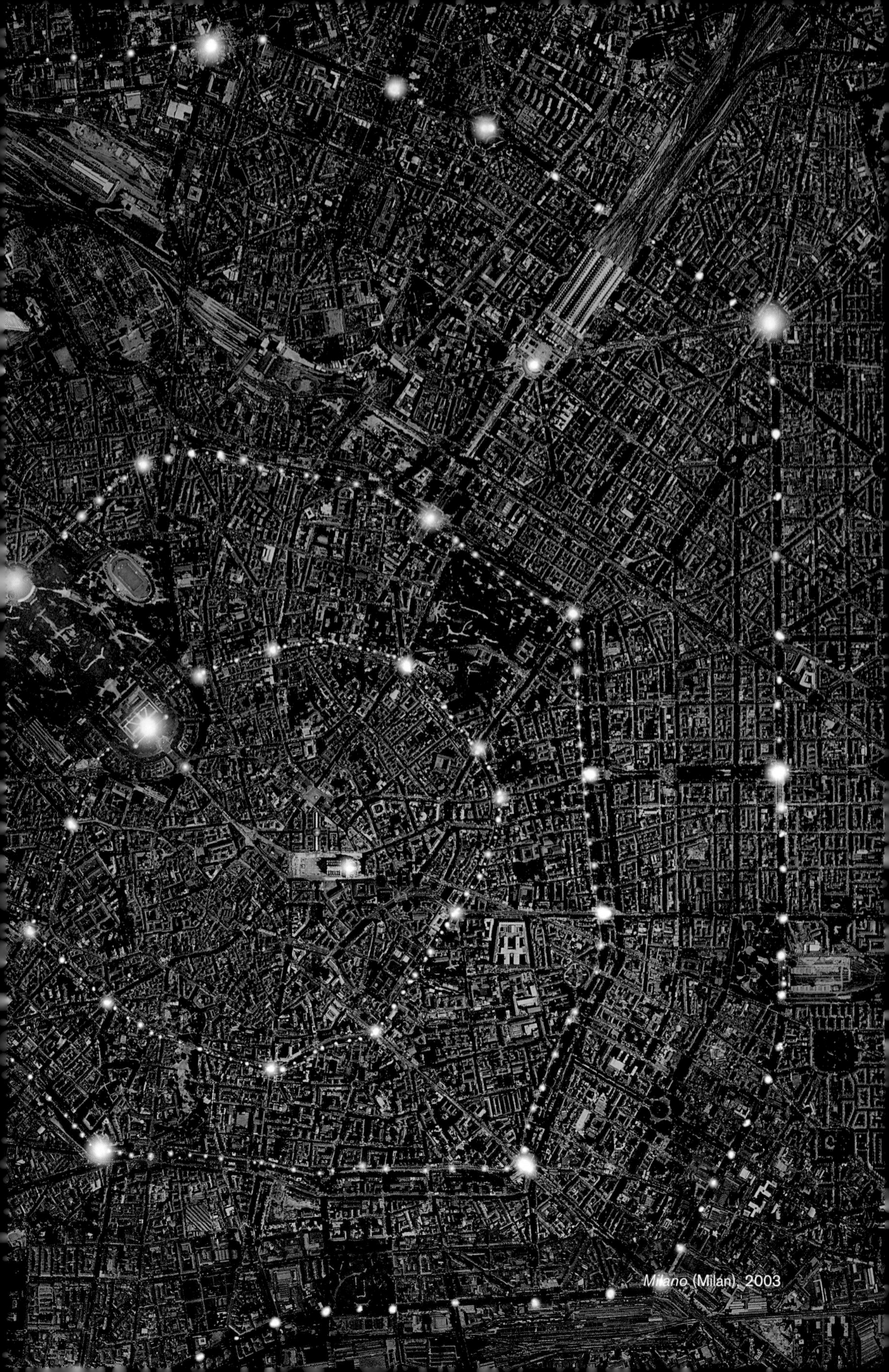

Milano (Milan), 2003

ché siano uguali, ma perché questo anello che avvolge la scena, evocando un confine simile a quello del globo, ci ripropone lo scambio tra terra e cielo che percepiamo quotidianamente dalle nostre finestre. Il fatto che le immagini di Grazia Toderi siano costituite da video è un ulteriore stimolo a spostare l'orizzonte, ad accettare la sua ubiquità.
Quando ho guardato in sequenza i teatri e le città prese dall'alto di Grazia Toderi, ho capito che il segno dell'infinito, che spesso è apparso nelle sue immagini, si ristabiliva tra le città rotanti e i teatri che lei ha ripreso o quelli che rimangono incorporati in queste visioni della terra abitata e costruita da uomini e donne. C'è un prolungamento non descrittivo tra la visione dall'alto delle città e la rotazione che Toderi vi imprime: lo sfondamento prospettico impedisce di individuare un inizio e una fine e fa intuire quel doppio cerchio incrociato che è il simbolo dell'infinito. Una città è di per sé infinita, non solo perché è costantemente ricostruita, ampliata, distrutta, modificata, ma perché contiene un magma di vite passate e presenti che creano la fisionomia tangibile del luogo.
Firenze, Roma, Milano, Londra, Cagliari assumono nei suoi video i profili di grandiose macchine sceniche, che si presume allestiscano la vita quotidiana di milioni di persone. Ma lo spettacolo di questo magma di terra, case, fiumi, stelle non ne parla. Sono intuibili solo gli involucri che disegnano la città, come se dall'alto la presenza umana facesse tutt'uno col territorio. Dentro questi agglomerati scuri la vita delle persone si può solo immaginare, non è una fantasia, bensì una percezione privata: ognuno ha coscienza della vastità della metropoli o della natura che le sta attorno, ma la misurazione non obbedisce a regole geografiche. Le strade, le case, i fiumi, le luci della città sono legate a un orientamento psichico, cioè alla cintura affettiva e razionale che lega il territorio urbano all'esperienza individuale della vita sociale. In questo orientamento, che mescola emozioni, riferimenti personali e punti cardinali, c'è una vastità che non è sempre collegabile allo spazio concreto, come se ognuno desiderasse mantenere nella propria mente una prospettiva non misurabile, ma solo immaginabile.
Nelle città che Toderi ci fa vedere non ci sono azioni e sembrano assomigliarsi tutte; per riconoscerle bisogna fare un lavoro di decrittazione, abbandonare le proporzioni delle case e delle strade e addentrarsi nella densità di figure geometriche piatte, che sembrano incastrarsi l'una sull'altra come ingranaggi di una grandiosa macchina scenica. La visione notturna aumenta l'indecifrabilità e, nello stesso tempo, fa da sfondo a intermittenti punti luminosi che, tra edifici, strade, piazze, evocano il disegno delle costellazioni, quasi che il cielo si riflettesse sulla terra, ma richiamano anche i bagliori dei palchi prima dell'inizio dello spettacolo. Il legame originario tra città e teatro torna a intrecciarsi.
Queste distese di case, strade, piazze, monumenti, anse dei fiumi sembrano fantastiche tastiere tipografiche, dove i caratteri assumono l'aspetto di ideogrammi architettonici. Lasciandoci trasportare dall'immaginazione, tutti questi quadrati, rettangoli, trapezi possono diventare anche innumerevoli copertine di libri appoggiate su un bancone infinito. L'allusione ai miliardi di storie scritte, raccontate, dipinte, sottolinea la qualità tipica del-

la specie umana, che è appunto quella di raccordare lo spazio tra la terra e il cielo attraverso l'elaborazione della propria presenza nel mondo.
Il parallelo con la scrittura appare anche nei *Teatri* di Toderi, dove le linee dei palchi costituiscono un pentagramma, in cui l'artista traccia le note con le figure degli spettatori e delle luci.
Ma c'è ancora un'altra parentela: ambedue sono immagini che rappresentano il bisogno di stare insieme, di spartire le emozioni dell'arte (il teatro) e quelle della vita privata, sociale (la città). La democrazia è calcolo dei consensi, delle soluzioni più opportune, dei benefici, degli sforzi; la musica è calcolo per ottenere tonalità e variazioni. Ambedue hanno bisogno di luoghi e presenze: la democrazia non esiste senza la partecipazione degli elettori; il teatro non vive senza quella degli spettatori.
Tutti e due sono macchine in movimento, i cui ingranaggi non sono del tutto visibili, il suono che li accompagna è la spia di una collettività attiva: voci indistinguibili, sonorità fisiche, rumori riproducono il "respiro" delle città o il brusio del teatro prima che inizi la musica e la recitazione.
In analogia con Duchamp, che parlava del titolo come di un "colore verbale", il suono è in Toderi un "colore tonale" che sottolinea la coralità e restituisce all'immagine architettonica un corpo organico, fatto di sostanze fisiche che attraversano la sua ossatura e il suo sistema arterioso e nervoso, che altro non sono che la vita umana in esso contenuto.
Ma, come dicevo all'inizio, nella visione scenica del mondo, rappresentata da Toderi, oltre a un forte senso archetipico c'è un legame sfuggente col presente. È sfuggente perché mantiene un rapporto magmatico con la storia e perché il presente ha qualità che non sono immediatamente decodificabili. Tant'è che i teatri che fanno da sfondo alla storia del paesaggio italiano migrano negli stadi, nell'aggregazione del gioco e – come diceva Carmelo Bene – nella "musicalità del lancio di un pallone che altro non è che il globo terrestre".
Gli stadi che riprende Toderi ruotano attorno al proprio asse evocando la rotazione terrestre, ma anche il movimento emotivo che fa sì che migliaia di persone si ritrovino a seguire le traiettorie di una palla che, se riusciamo a dimenticare tutto ciò che le sta attorno, appare come un punto bianco che fluttua nel buio siderale, come si vede in *San Siro*, 2000. L'unione collettiva che si avvera negli stadi tiene insieme l'energia del gioco, ma anche il suo rovescio, ovvero la costrizione, lo scoppio irrazionale della violenza. Nella storia recente lo stadio è stato spesso assimilato a situazioni opposte a quelle del simbolo democratico, valga per tutte il colpo di stato in Cile da parte di Pinochet.
Le visioni di Toderi contengono questa duplice valenza, la rotazione, infatti, fa sì che la fisionomia delle masse, lì riunite, assuma la forma di una specie di anello di Saturno di cui non si riesce a distinguere la sostanza. Il che genera suspense e fascino.
Chi di noi potrebbe immaginare che visti dall'alto diventiamo una molecola di un organismo che non ha più distinzioni umane, ma solo quelle di una massa di forze? Anche gli stadi hanno il loro archetipo nell'antichità greca e romana, ma oggi la loro funzione è direttamente collegata allo spettaco-

lo televisivo che sposta nelle case la partecipazione agonistica.
Il filo rosso della ricerca di Grazia Toderi attraversa, come in una serie di scatole cinesi, il concetto di spettacolo continuando a fluttuare nello spazio che intercorre tra terra e cielo. Il punto di vista dalle stelle innalza le ellissi rotanti degli stadi nel cosmo, mentre lo sguardo dello schermo televisivo tende a creare una linearità tra lo spettacolo del mondo e l'orizzonte circoscritto dalla percezione umana. In *Olympia, 2001* la duplicità di questa esperienza si rende visibile negli stacchi della rotazione quando lo stadio sembra venirci incontro come un grande diaframma, che separa chi guarda da chi ruota attorno al gioco e all'euforia di partecipare a questo duplice spettacolo: quello dei giocatori e quello della massa che li circonda.
Dice Grazia Toderi: "Ho conosciuto il mondo e viaggiato di più con la televisione che con il mio corpo. [...] Con la televisione ho scoperto l'esistenza di un mondo esterno, che non apparteneva alla mia famiglia, alle mie strade, alle mie conoscenze, alle mie percezioni, ma alla vita lontanissima degli altri. [...] Lo sbarco sulla luna mi ha aperto nuove speranze. È possibile che in un altro pianeta, con leggi fisiche diverse, non si muoia? La risposta verrà dallo spazio, verrà da lontano, perché su questo pianeta non esiste. Mi ha fatto vedere possibilità infinite, potenzialità incredibili, altre vite su altri pianeti, il mistero delle leggi cosmiche che forse prevedono tutto, la possibilità di un infinito contrapposta al finito". In queste parole, tratte da una lettera che mi aveva mandato nel 1998 per la mia conferenza al Centre Culturel Français de Turin, appare il filo rosso che lega lo spettacolo dei teatri, a quello televisivo e alle figure della scienza.
La saldatura è già in *Nata nel '63* (1996), dove l'immagine di una bambola che ruota insieme a una palla, mentre sullo sfondo appaiono le sequenze televisive dell'allunaggio, è un autoritratto e un progetto. Tenere insieme le speculazioni sull'universo privato, individuale e quelle del cosmo e della conoscenza scientifica. Guardare dentro lo spettacolo del mondo e dentro quello che uomini e donne creano con i loro racconti, le loro immagini, i loro affetti. Usare la televisione come una lente per captare vite lontane. La cavea raddoppiata della serie dei piccoli teatri delle Marche (*Apollo*, 2003) fa sì che queste architetture assumano l'aspetto di capsule tecnologiche, rese ancor più stranianti dal ritmo dei decori.
Gli archi dei palchi, i dipinti dei soffitti, le nervature dell'emiciclo, una volta raddoppiati, sembrano riflettersi gli uni negli altri senza soluzione di continuità. Non ci sono spettatori, domina uno strano vuoto, interrotto al centro da una figura geometrica nera, che di volta in volta assume la forma di un quadrato, un rettangolo, una circonferenza, un'ellisse molto piatta e allungata. Unica presenza il veicolo spaziale dell'Apollo che naviga in questo ambiente chiuso: la figura nera centrale diventa una finestra aperta nel buio siderale. Le due capsule si rispecchiano l'una nell'altra: i decori dei teatri sembrano trovare una naturale simbiosi nei profili sferici della capsula dell'Apollo. La rotazione del veicolo spaziale imprime al teatro un movimento invisibile, come se anch'esso fosse contagiato dall'assenza di gravità. Ricomincia a viaggiare nel cosmo dell'immaginazione, mentre la man-

San Siro, 2000

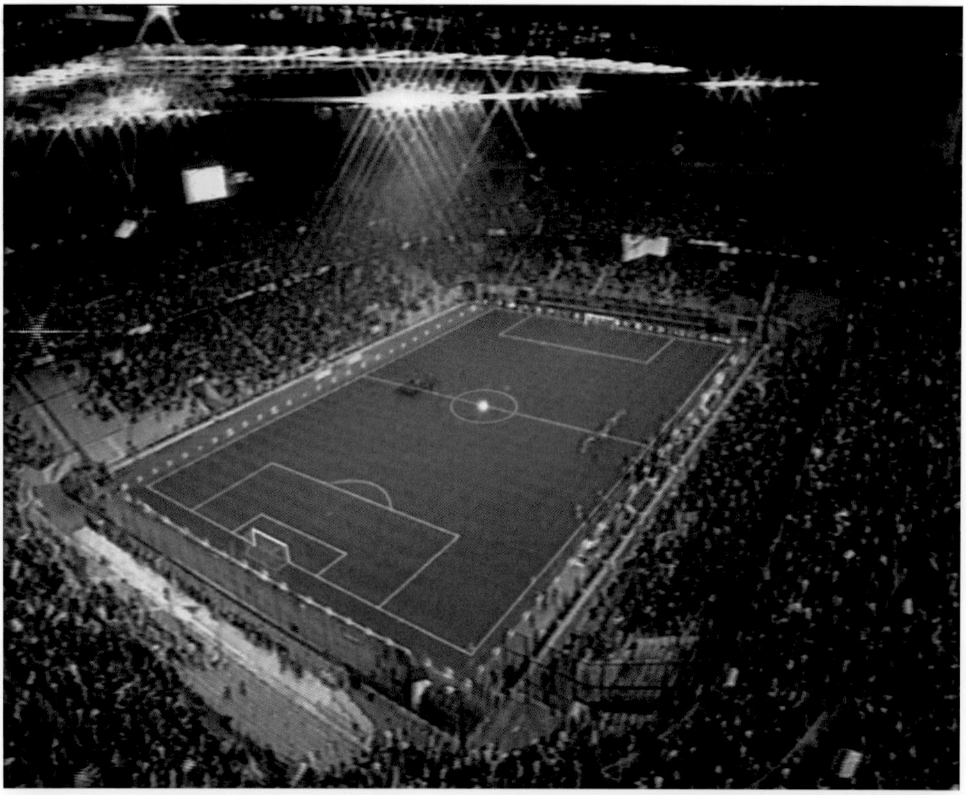

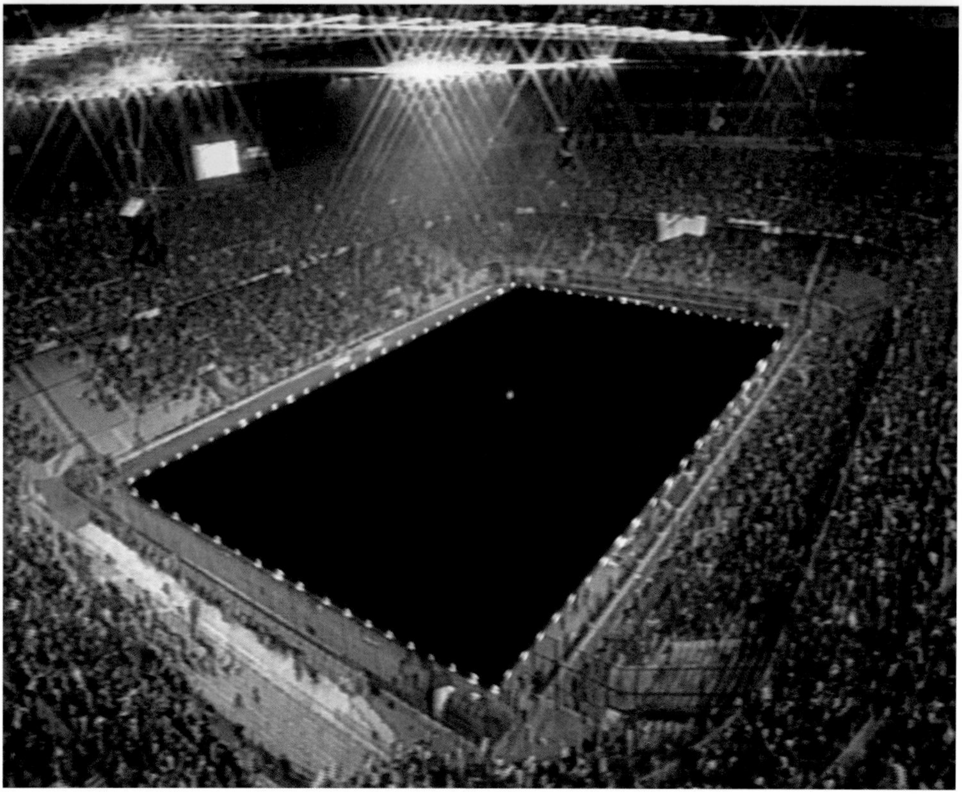

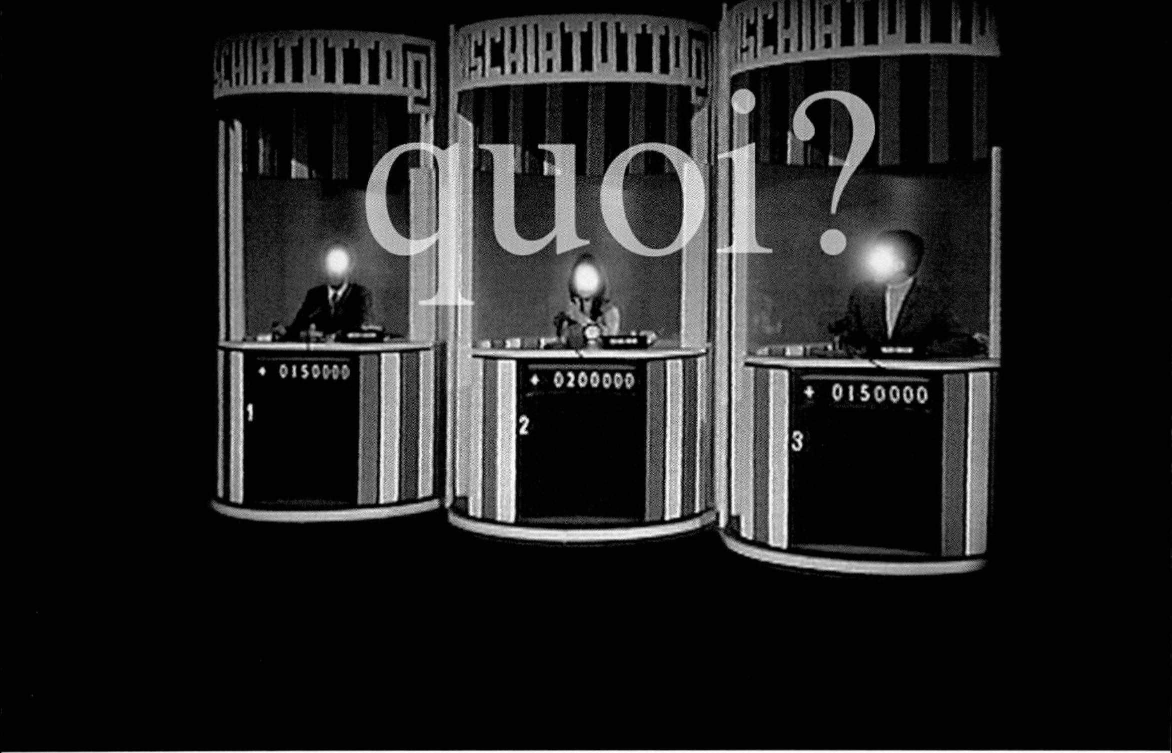

canza di spettatori è indice di una perdita: oggi televisione e cinema hanno svuotato questi piccoli teatri periferici. L'aggregazione urbana passa attraverso i monitor. Ma l'inserzione di una prospettiva siderale (la capsula dell'Apollo) crea una visionarietà tra passato e presente che si accorda allo spazio-tempo della fisica contemporanea e che pone la domanda sul punto di vista dell'osservatore.

Accorpando le tracce del passato al fluire della memoria che spazia nel cielo, Toderi dilata la scansione del tempo senza stabilire un prima e un dopo. Così l'intreccio tra i contenitori dell'immaginazione terrena (il teatro) e della ricerca scientifica (l'Apollo) fa scattare la parentela tra palcoscenico e schermo: le immagini dei viaggi nel cosmo ci arrivano sempre attraverso gli schermi della tecnologia contemporanea, siano essi quelli dei computer della Nasa o della televisione. Il teatro tradizionale o quello virtuale continua ad essere il luogo del confronto delle idee e delle informazioni, anche se muta il rapporto tra spettatore e rappresentazione, tra osservatore e oggetto osservato.

Un processo analogo appare in Q (2003): tre cabine del "Rischiatutto" galleggiano come veicoli spaziali in un cielo grigio, tutto ciò che c'era attorno è stato annullato. Le facce dei concorrenti sono nascoste da un alone di luce bianca che richiama la censura, ma anche l'aura che ognuno porta con sé. Il ritmo di domande, risposte, suoni di "count down", che

pp. 28-31
Q, 2003

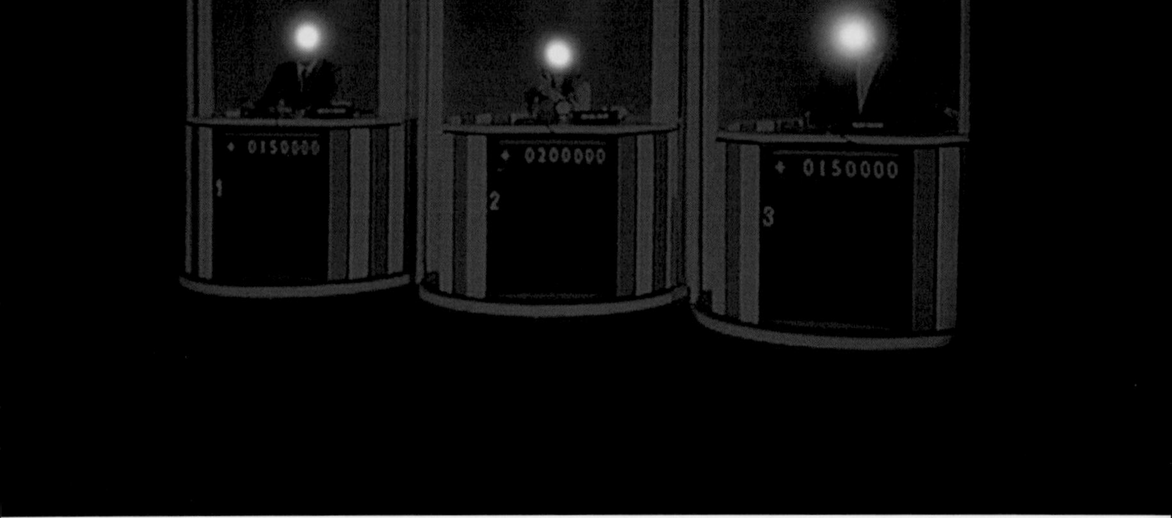

si sovrappongono gli uni agli altri, evoca il rumore di fondo delle metropoli, ma anche la pulsazione degli strumenti medici, dove l'intermittenza segna il flusso del battito cardiaco. A tratti le parole *Quoi?* e *L'éternité* (citazione del titolo del romanzo di Marguerite Yourcernar) si sovrappongono all'immagine o campeggiano sul fondo nero.

La loro intermittenza fa da pendant al suono delle pulsazioni e sposta la domanda sulla finitezza dell'esistenza. Nella scommessa "banale" del "Rischiatutto", anche se non in modo esplicito, serpeggiava la figura di *Kairòs*, il figlio più giovane di Urano, il dio del Tempo, che nella mitologia greca rappresenta l'azzardo, la fortuna da acciuffare al volo. Nel momento in cui Grazia Toderi sovrappone alle cabine del "Rischiatutto" le parole *Quoi?* e *L'éternité* scatta la domanda cruciale: perché sono qui? Fino a quando? Ma nel momento in cui esse campeggiano sul fondo nero, l'enigma dell'eternità sembra invadere l'atmosfera e svuotare lo schermo di ogni presenza.

Anche l'arte rischia tutto, proprio perché, come scriveva Fontana nel *Manifesto dello Spazialismo* (1947), "L'arte è eterna, ma non può essere immortale. Potrà vivere un anno o mille, ma l'ora della sua distruzione materiale verrà sempre. Eterno è il gesto" che la trasmette e la vive. Per rappresentare il rischio i greci avevano inventato un dio, *Kairòs*, aveva la nuca rasata e un grande ciuffo sulla fronte: bisognava acciuffarlo pronta-

L'éte

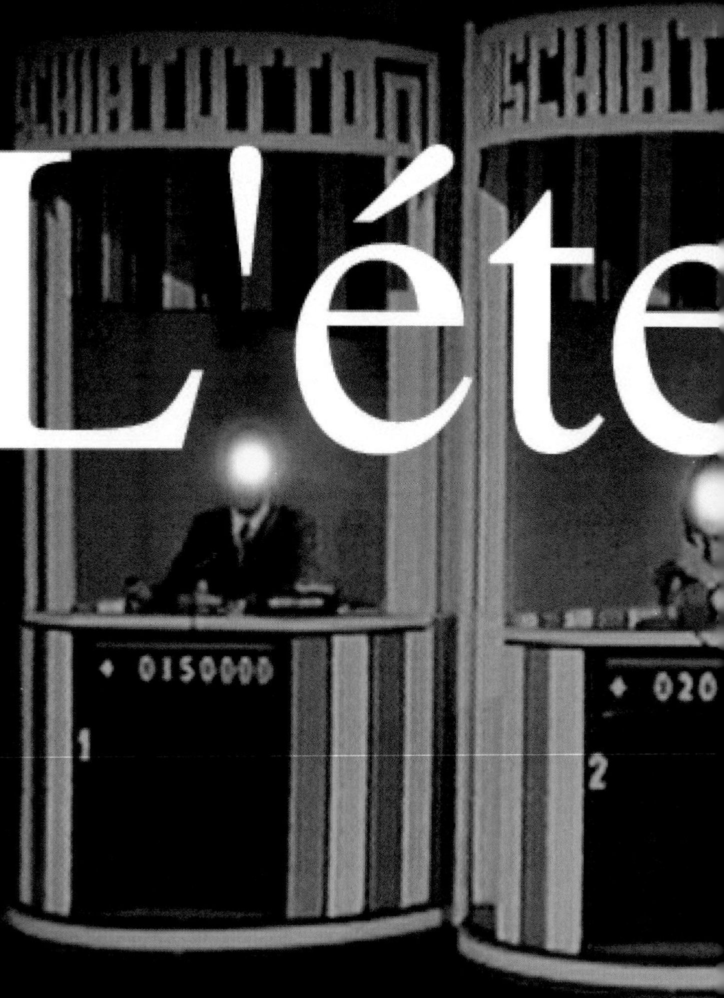

rnité

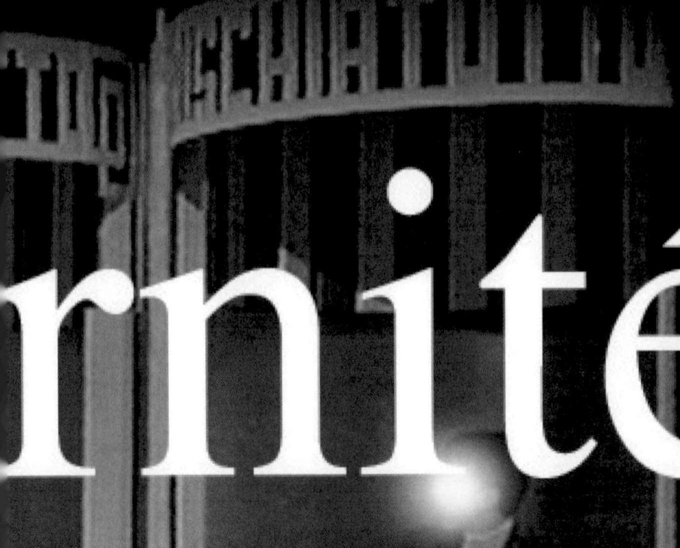

mente, altrimenti volava via con i suoi piedi alati. In questo c'è la decisione che avvicina i mortali al dio facendoli partecipare all'eterno movimento del mondo.

Il video si chiude con un puntino luminoso simile a quello che, fino a trentanni fa, appariva nel monitor quando si spegneva la televisione. Quell'intermittenza tra la luce e il buio significava che i programmi erano finiti, che la notte apparteneva al sonno e ai sogni, dove, forse, si può rintracciare l'eternità di gesti sedimentati che riaffiorano alla coscienza.

L'effetto bianco e nero rimanda all'origine della televisione, ma anche al contrasto che avvolge le domande cruciali dell'esistenza. E come non pensare al teatro quando, nel momento in cui cala il sipario, buio e luce si alternano?

In Q Toderi parla di uno spettacolo che s'invera nei gesti e nei riti quotidiani, dove il Tempo non è un dio, ma la dimensione umana della vita, che si estende ad altre vite in una catena eterna. La luce che nasconde i volti dei concorrenti perde il significato di censura e appare l'aura che avvolge i viventi, mentre il piccolo bagliore finale evoca una stella che attraversa misteriosamente lo schermo televisivo.

Nell'ultimo video sul Teatro La Fenice di Venezia, *Semper eadem* (2004), l'alternanza tra luce e buio, tipica di ogni spettacolo teatrale, si accorda con i colori del cielo e dell'acqua che sembrano riflettersi nel globo rotante in cui Toderi ha trasfigurato il corpo stesso del teatro.

A Venezia una conoscenza antica ha allineato case e canali secondo una geometria organica: le facciate dei palazzi seguono il fluire dell'acqua e, nei punti di incrocio di un canale con l'altro, è raro che le costruzioni si dispongano ortogonalmente, in genere assumono un'obliquità che le mantiene parallele al canale.

Questa regola non risponde solo alla particolare configurazione del territorio, è un sistema per dare alla luce una funzione architettonica. La luce nel momento in cui tocca l'acqua crea un riflesso che, rispecchiandosi nelle quinte delle facciate, interagisce con i colori dell'architettura. Tutta la città viene avvolta da una duplice rifrazione che, raggiungendo oggetti, finestre, portoni, li rende visibili, aumenta o attutisce i loro colori in base al variare del giorno e della notte, del sole o della nebbia.

Nell'immagine che Grazia Toderi ha visto dentro La Fenice, si ripete questo prodigio. Il globo luminoso è circoscritto da una linea di luce affiorante (dall'acqua? dallo spazio siderale?) che si riflette nei colori di questo straordinario oggetto.

Hofmannsthal nel dramma *La morte di Tiziano* fa dire a Antonio, uno degli allievi che lo vegliano: "Il giardino che il maestro volle/ è cinto di solenni cancellate,/ e l'esterno si può solo intuire / oltre l'intreccio delle fronde in fiore". Prosegue Battista: " È questa la grande arte degli sfondi,/ questo il segreto delle luci dubbie ". (H. von Hofmannsthal, I meridiani, Mondadori, 1972, p. 106). È una sintesi eccelsa della pittura di Tiziano che ognuno può riconosce negli sfondi della città e che riappare nell'enigmatico orizzonte circolare con il quale Toderi ha circondato di luce la massa del pianeta Fenice. Un pianeta che porta nel proprio emblema una fenice che tie-

pp. 33-35
Centaurus, 2003

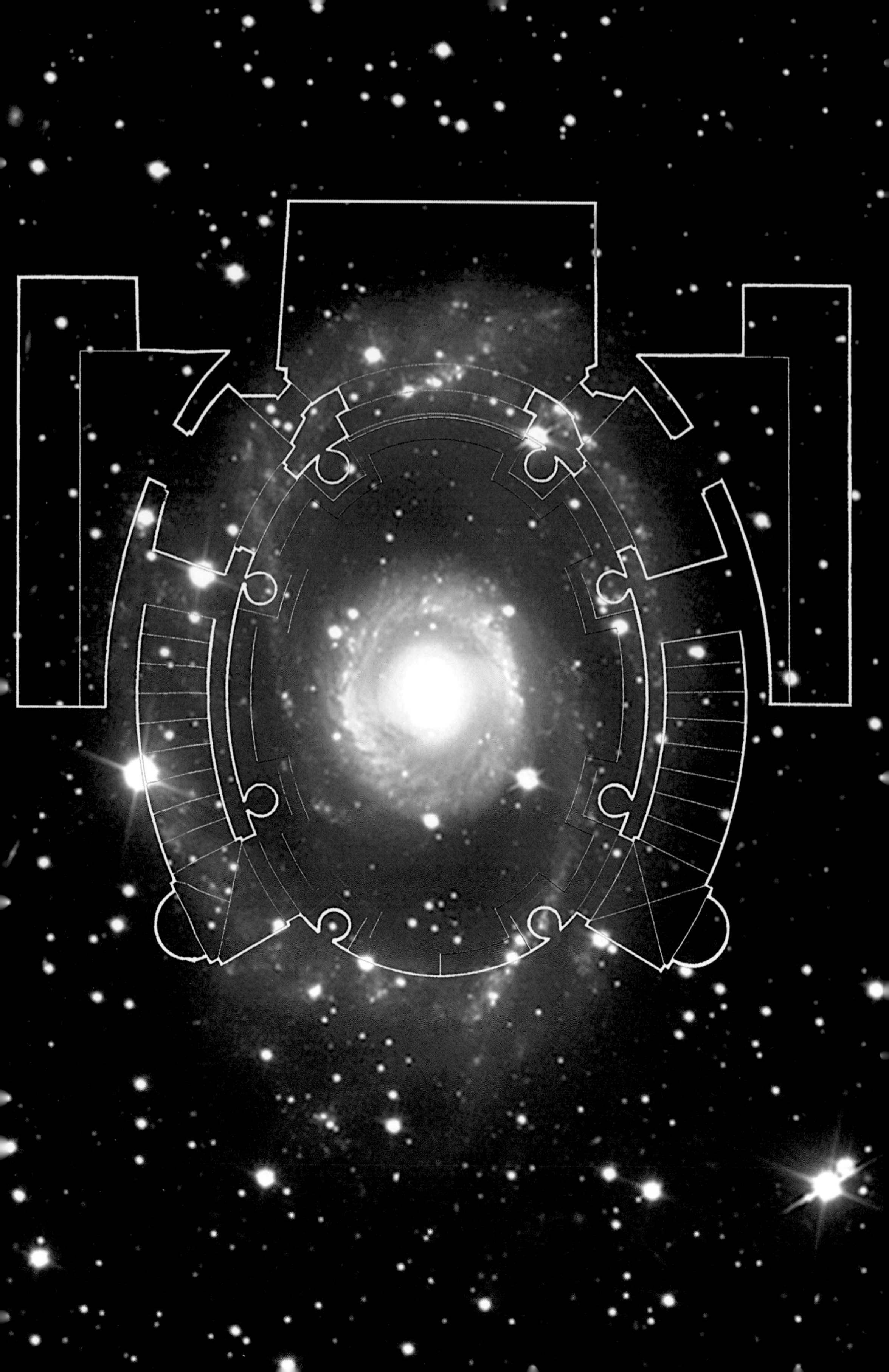

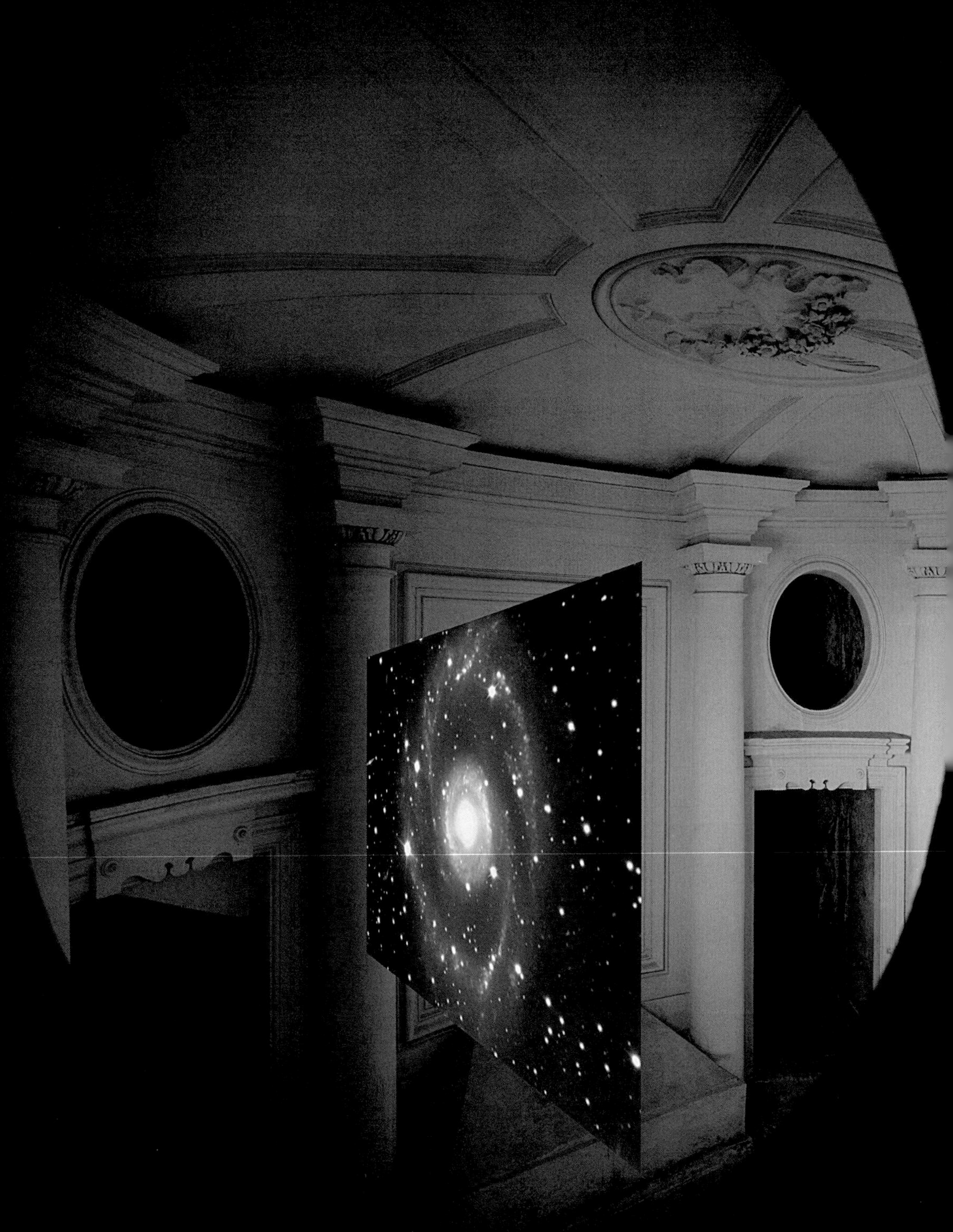

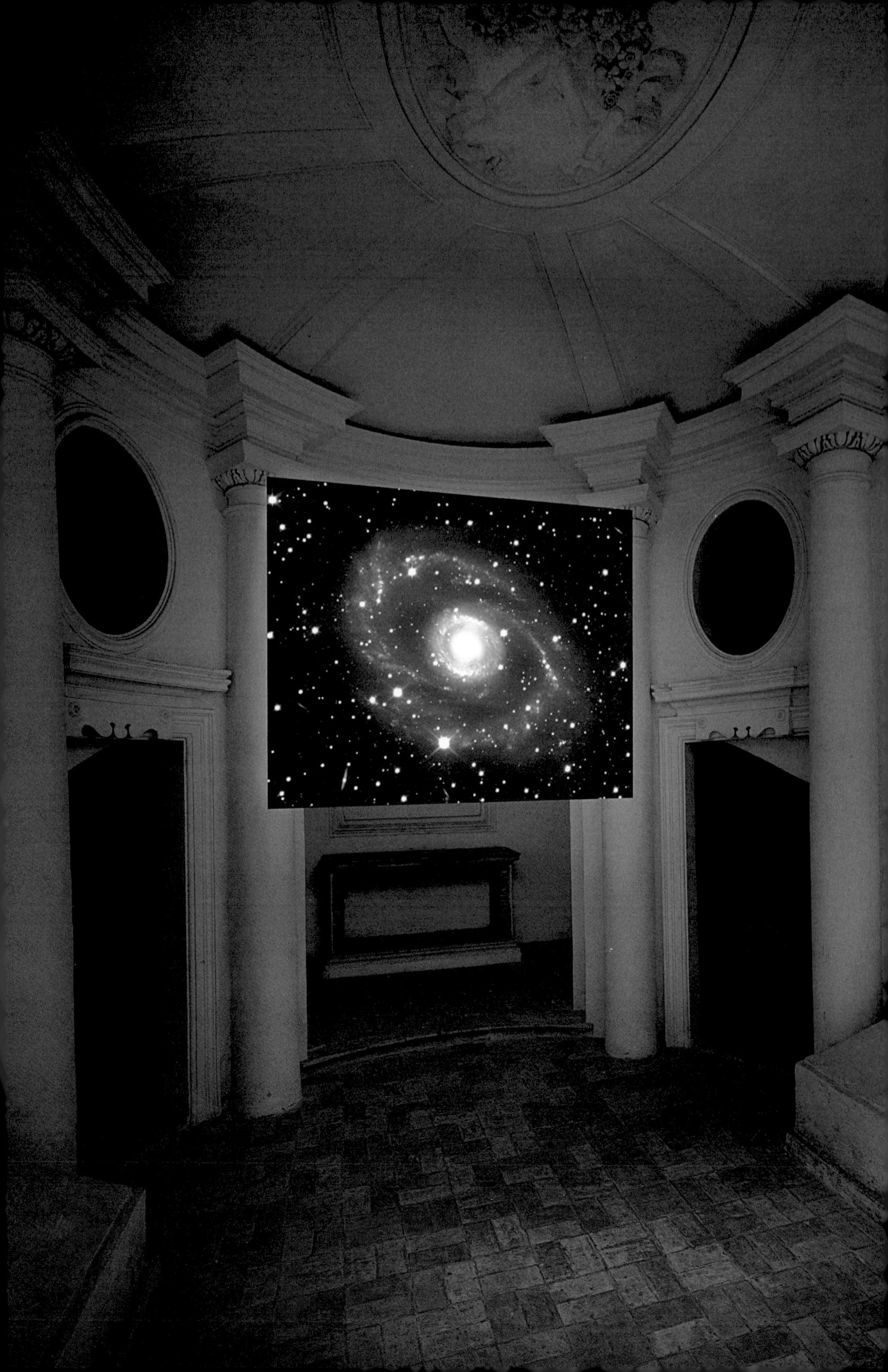

ne tra le zampe la scritta “Semper eadem” (“Sempre la stessa”). Un nome, un destino: rinascere sempre, come vuole la mitologia, ruotare eternamente insieme alle immagini, ai versi, agli oggetti che si rendono visibili e invisibili nel mutevole gioco di rifrazione della luce.
La linea luminosa che Toderi ha tracciato attorno alla sfera del suo teatro, rimanda all'anarchia dell'acqua o di una materia gassosa, ambedue rifiutano la nozione di forma; mentre la cavea raddoppiata del teatro è come la cancellata del giardino di Tiziano: solo attraverso i suoi archi si può intuire il legame tra esterno e interno, senza un confine l'occhio umano galleggia in un vuoto che non fa parte del suo habitat. Una scelta estetica e una rappresentazione della densità percettiva che si coagula negli oggetti terreni, come in quelli siderali. Il teatro di Toderi ha queste due valenze. Il raddoppiamento fa sì che la cupola del soffitto diventi il disegno delle calotte polari, mentre i palchi si dispongono come i paralleli: dunque un mondo e uno smisurato oggetto.
Un lampadario? Una ruota del Prater? Una palla di vetro in cui al posto della neve cade luce? Figure planetarie che uomini e donne evocano nelle loro azioni quotidiane, quando adornano le case, quando giocano al pallone, quando immaginano di ruotare attorno al mondo sospesi in una giostra, quando in una palla di vetro leggono la distanza dal cielo, che rende piccolissime le presenze rinchiuse lì dentro, e sognano di governare gli elementi facendo piovere, nevicare, scendere pulviscolo con il solo movimento della mano. Tutto questo, in forma traslata, è pur sempre teatro.
Ma qui siamo a Venezia e in un teatro lirico, quindi il motore di questa rotazione sono la musica e l'acqua, come racconta Josif Brodskij: “ È un miracolo che, dopo essere stata accarezzata e strapazzata per oltre un millennio, non abbia falle, sia ancora H_2O, riesca ancora ad alzarsi. Fa pensare davvero alla carta da musica, ai fogli di una musica eseguita in continuazione: le partiture si avvicendano come ondate di marea, le barre del pentagramma sono i canali con gli innumerevoli ‘legati’ dei ponti, delle lunghe finestre o dei curvi fastigi delle chiese di Codussi, per non parlare dei violini che hanno prestato il manico alle gondole. Sì, tutta la città somiglia a un'immensa orchestra, specialmente di notte, con i leggii appena illuminati dei palazzi, con un coro instancabile di onde, col falsetto di una stella nel cielo invernale.” (J. Brodskij, *Fondamenta degli Incurabili*, Adelphi, Milano, 2003, pp. 79-80).
Una descrizione che sembra fatta per la sfera rotante di Grazia Toderi, che invade come una marea luminosa il teatro in penombra, in cui il brusio degli accordi dell'orchestra, che si prepara per la *Traviata*, sembra dare voce alle note guizzanti che Toderi ha “scritto” tra i palchi con le luci e le figure di spettatori vestiti di bianco, che indicano stupiti la meraviglia di questo spettacolo. Quando gli occhi si abituano al bagliore, emergono i colori degli sfondi: l'oro dei decori si raffredda e il verde smeraldo del soffitto, i contorni sfrangiati del sipario riportano alle “luci dubbie” di Tiziano, ma anche al cielo della *Tempesta* di Giorgione.
È una prova di quanto aveva intuito Lucio Fontana: ciò che si trasmette nel globo della Fenice, disegnato da Toderi, è il gesto della luce che nei seco-

li continua a riflettersi delle figure che l'arte inventa. La coralità della musica e quella dell'acqua si fondono in una festa della bellezza.
Dice Brodskij, "la bellezza è là dove l'occhio riposa, nella bellezza l'occhio ha la sua pace" (op. cit., p. 88). Nello sfondamento prospettico del firmamento l'occhio registra la bellezza originaria della dilatazione cosmica e trova riposo. La luminosità delle stelle, le loro vite misteriose e ricorrenti ci fanno partecipare a un tutto che è anche immagine di pace.
Il legame, o meglio, il riflesso dello spazio siderale nella percezione visiva umana accompagna quasi tutte le immagini di Grazia Toderi: in *Centro* (2004) lo spettacolo si svolge solo in cielo, ma il disegno pulsante di un mandala, che affiora nella superficie senza gravità della volta celeste, sembra rovesciare lo specchio: la geometria terrena si riflette misteriosamente nel firmamento, intrecciando le sue circonferenze al magma stellare. Il disegno del mandala, come quello puntiforme delle stelle, ci parlano di un disfacimento che dà origine ad altre vite, ad altre prospettive, ad altri disegni. In questo movimento appare il destino della bellezza che, non essendo statica, apre sempre nuove prospettive.
La percezione di infinito estetico da un lato evoca le particelle del cosmo, dall'altro la pace che proviene dal perenne ripetersi della bellezza siderale. Mentre il riflesso del moto perpetuo delle stelle e del mandala ricorda l'alternarsi di vita e morte che accompagna l'esistenza umana sulla terra.
Il legame tra spettacolo cosmico ed esistenza terrena è anche il tema di *Centaurus* (2003), il video che Grazia Toderi ha ideato per la Cripta Falconieri nella Cappella di San Giovanni dei Fiorentini a Roma, in occasione della mostra *Intorno a Borromini* nel dicembre 2003. L'altare della cappella e la cripta sottostante furono ideate da Francesco Borromini per la Famiglia Falconieri che così voleva immortalare il proprio nome. I lavori finirono nel 1683 e nella cripta rimangono tuttora alcune tombe degli ultimi Falconieri. Da una porta, posta sotto l'altare, scendono due scale a braccio che avvolgono l'ovale della cripta. La luce vi arriva per via indiretta attraverso altri due ovali scavati nelle pareti di discesa alla cripta. Sembrano grandi "lenti", attraverso le quali si mette a fuoco lo spazio sottostante adorno di tombe e di stucchi e di un altare che, interrompendo la curva di uno degli apici dell'ovale, crea una pianta a ferro di cavallo, molto simile a quella dei teatri. Qui Grazia Toderi ha sospeso l'immagine ruotante della galassia *Centaurus*: il nucleo dorato del cuore è contornato da un'ellisse luminescente che trascina in cielo l'ovale disegnato da Borromini. Appare la duplice relazione tra la discesa sulla terra e l'ascesa verso il cielo che non proviene dalla linearità dell'occhio umano, ma dall'imprendibile gioco di rifrazione dell'infinito. Un infinito in cui la luce ha la capacità di disegnare e costruire attraverso la pulsazione degli astri, irradiati da bagliori intermittenti. Il fatto che l'immagine sia visibile già dagli ovali delle scale sottolinea – come scrive Grazia Toderi in catalogo – la necessità di "scendere, perdersi nel buio, desiderare l'origine della luce, tornare in superficie". Nello stesso tempo, ricordando il punto di vista dei palchi teatrali, suscita l'idea di una rappresentazione realizzata nell'aria sulla scia dei viaggi spaziali.

Francesca Pasini

The Secret of Reflected Light

The theater and the city are siblings, coming from the same cradle: Athenian democracy. Their birth goes together with the advent of Western culture and a society in which the populace is composed of citizens with the right to vote: this is how the political scientists Robert Dahl and Giorgio Galli translate the term *demos*. The power and force (*chratos*) of the people (*demos*) are expressed through consensus or critique of the running of the *polis*, the place of coexistence and discussion. *Demos, chratos* and *polis* are much more than words; they are dense, ductile images that have been used to create the multiple figures of human coexistence, which go by the names of *politics* and *democracy*. And it is no coincidence that precisely in the golden age of Periclean Athens the will to narrate found, in the form of the tragedy and the theater, the opportunity to interpret the great mythical expanse of the archaic era in harmony with the nascent democratic order and the new concept of the *polis*. To do this a place was required for participation. Since then the presence of a theater has been synonymous with an urban reality that reflects the coexistence of the spectator and the actor, of anonymous individual history and an author's story. This may be the first image of cultural exchange and social communication. The act of listening to and watching scenes gives everyone the opportunity to interact with poetic and aesthetic research, while the collective experience indicates a sense of urban belonging.

These are well-known facts, but every time I think about them I feel a kind of retroactive euphoria about the origin of the invention. Cities and theaters have changed, but I cannot help connecting them with that initial moment. Maybe it's due to my reading, in which I return again and again to Greek tragedy and its relationship with democracy.

In the *Theaters* of Grazia Toderi, in these enclosures suspended between earth and heaven, I recognize the passion for the origins of a cultural and social coexistence in which, together with architectural transfiguration, the fleeting link to the present emerges.

The theaters of Grazia Toderi are vehicles that often host other vehicles which, in turn, speak to us of another great theatrical event: space travel. Perhaps Greek theater was also based on the narration, in an urban guise, of myths with age-old roots, suggesting the idea of a voyage in the cosmos.

If we think of places that cannot be physically crossed, it is relatively easy to imagine them as immense stages on which actors move and things happen that are somehow comparable to our own experiences. Not because they are the same, but because this ring that encloses the scene, evoking a limit similar to that of the globe, represents the exchange between heaven and earth we can perceive, every day, through our windows. The fact that Grazia Toderi's images are videos is a further stimulus to shift the horizon, to accept its ubiquity.

Looking in sequence at the theaters and the cities filmed from above by Grazia Toderi, I understand that the sign of infinity that often appears in her imagery is restored there, between the rotating cities and the theaters she has represented, or those that are parts of these visions of the inhabited earth, constructed by men and women. There is a non-descriptive extension between the zenithal view of the city and the rotation applied by Toderi: the lack of perspective references makes it impossible to identify a beginning and an end, offering a glimpse of that figure eight that is infinity's symbol. A city is infinite in itself, not only because it is constantly being rebuilt, expanded, destroyed, modified, but also because it contains a magma of past and present lives that create the tangible physiognomy of the place.

Florence, Rome, Milan, London and Cagliari, in her videos, take on the contours of grand theatrical machines, presumably busy staging the everyday lives of millions. But the spectacle of this magma of earth, houses, rivers and stars is mute. We can just make out the enclosures that form the city, as if, from above, the human presence were completely bonded with the territory. Inside these dark congeries, the life of people can only be imagined, not as a fantasy, but as a private perception: every person has an awareness of the vastness of the metropolis or the nature around them, but the measuring obeys no geographical rules. Streets, houses, rivers, the lights of the city are connected to a psychic orientation, i.e., to the emotional and rational belt that connects urban territory to the individual experience of social life. In this orientation that mixes emotions, personal references and cardinal points there is a vastness that cannot always be connected with concrete space, as if each of us were trying to maintain, in our minds, a perspective that cannot be measured, but only imagined.

The cities Toderi shows us contain no actions and resemble one another; to recognize them we have to decode them, abandoning the plane of the buildings and streets in favor of the density of flat geometric figures that seem to interlock like the gears of a great staging mechanism. The nocturnal view makes them less decipherable, while forming a background of intermittent points of light, amidst buildings, streets, squares, evoking the form of constellations, as if the sky were reflected on the earth. But these lights also suggest the glitter of balconies before the start of a performance. The original link between city and theater returns. These expanses—of houses, streets, squares, monuments, river bends—seem like fantastic keyboards, on which the characters become architectural ideograms. With an effort of imagination all these squares, rectangles, trapezia can also become numberless book covers resting on an infinite counter. The allusion to billions of written, narrated and painted stories underlines this typical quality of the human species, precisely bridging the space between earth and heaven through the conscious elaboration of its presence in the world.

The parallel with writing also appears in Toderi's theaters, where the lines of the balconies constitute a staff on which the artist writes notes with the figures of spectators and lights.

But there is also another connection: both images represent the need to spend time together, to share the emotions of art (theater) and those of private, social life (the city). Democracy is a calculation of consensus, of the most suitable solutions, of benefits and costs; music is a calculation to obtain harmonies and variations. Both require places and presences: democracy cannot exist without the participation of voters; theater cannot exist without an audience.

They are both machines in motion whose mechanisms are not completely visible. The sound that accompanies them reveals collective activity: indistinguishable voices, physical resonances, noises reproduce the "breath" of the city or the buzz of the theater before the performance begins.

Just as Duchamp spoke of titles as "verbal color," so the sound in Toderi's work is a "tonal color" that underlines the collective dimension, restoring the architectural image's organic body composed of physical substances that cross its skeleton, its system of arteries and nerves, or namely the human life it contains.

Nevertheless, as I said at the beginning, in the theatrical vision of the world presented by Toderi there is not only a strong archetypal sense, but also a fleeting link to the present. It is fleeting because it maintains a magmatic relationship with history, and because the present has qualities that do not lend themselves to immediate decoding. So the theaters that form a backdrop for the history of Italian landscape shift toward the stadiums, to the aggregation of sport, and–as Carmelo Bene put it–the "music of the flight of a ball, which is simply the globe of the earth."

Toderi's stadiums rotate on their axis, evoking the earth's rotation, but also the emotional movement that prompts thousands of persons to gather to watch the flight of a ball that, if we temporarily forget all the rest, looks like a white dot floating in the darkness of space, as we can see in *San Siro*, 2000. The collective unity that happens in stadiums sustains the energy of the play, but also its other side, the irrational outbreak of violence. In recent history the stadium has often become just the opposite of a symbol of democracy–just consider Pinochet's coup in Chile.

Toderi's vision contains this dual value. The rotation, in fact, makes the physiognomy of the masses gathered there take on the form of a ring of Saturn, whose substance is not perceptible. This generates suspense and fascination.

Who could imagine that seen from above we would become a molecule of an organism that no longer has human features, a mere mass of

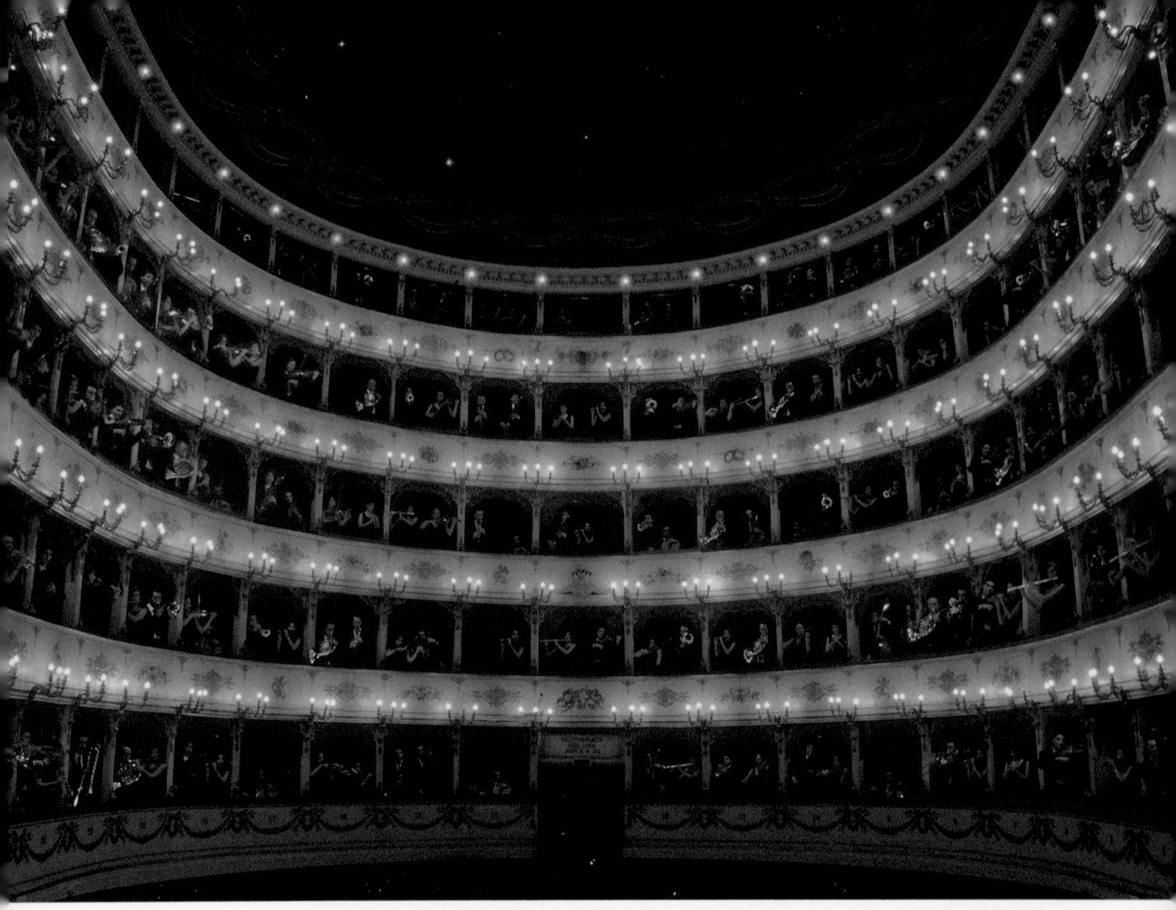

Orchestra, 2003

forces? Stadiums, too, have their archetype in Greek and Roman antiquity, but today their function is directly connected to televised entertainment that brings sporting competitions into the home.

The red thread of the research of Grazia Toderi crosses, as through a series of Chinese boxes, the concept of spectacle, while continuing to float in the space between earth and sky. The vantage point from the stars raises the rotating ellipses of the stadiums in the cosmos, while the gaze of the television screen tends to create a linearity between the spectacle of the world and the horizon limited by human perception. In *Olympia, 2001* the dualism of this experience comes toward us like a big diaphragm, separating the observer from those gravitating around the game and the euphoria of participating in this dual spectacle: that of the players and that of the crowd that surrounds them.

Grazia Toderi says: "I have gotten to know the world and traveled more through television than with my body. [...] Through television I discovered the existence of an outside world that did not belong to my family, my streets, my perceptions, i.e., the very distant life of others. [...] The moon landing opened up new hopes for me. Is it possible that on another planet, with different physical laws, one never dies? The answer will come from space, from afar, because it doesn't exist on this planet. It made me see infinite possibilities, incredible potential, other lives on other planets, the mystery of cosmic laws that perhaps foresee everything, the possibility of an infinity, the opposite of the finite." In these words from a letter

she sent me in 1998 for my conference at the Centre Culturel Français de Turin, we can see the red thread that links the spectacle of the theaters to that of television and the figures of science.
The connection is already there in *Nata nel '63* (1996), where the image of a doll that rotates together with a ball, while television sequences of the moon landing appear in the background, is a self-portrait and a project. To hold together speculations on the private, individual universe and those of the cosmos and scientific knowledge. To look into the spectacle of the world and the one men and women create with their stories, images, emotions. To use television as a lens to capture distant lives.
The doubled hall of the series of small theaters in the Marches (*Apollo*, 2003) makes these works of architecture take on the look of technological capsules, made even more disorienting by the rhythm of the decorations.
The arches of the balconies, the paintings on the ceilings, the ribbing of the semicircle, once doubled, seem to reflect in each other without any divisions. There is no audience but a strange emptiness, interrupted at the center by a black geometric figure that takes on the form of a square, a rectangle, a circumference, a long, flattened ellipse. The only presence is the Apollo spacecraft navigating this closed environment: the black central figure becomes a window open to the darkness of space. The two

Olympia, 2001

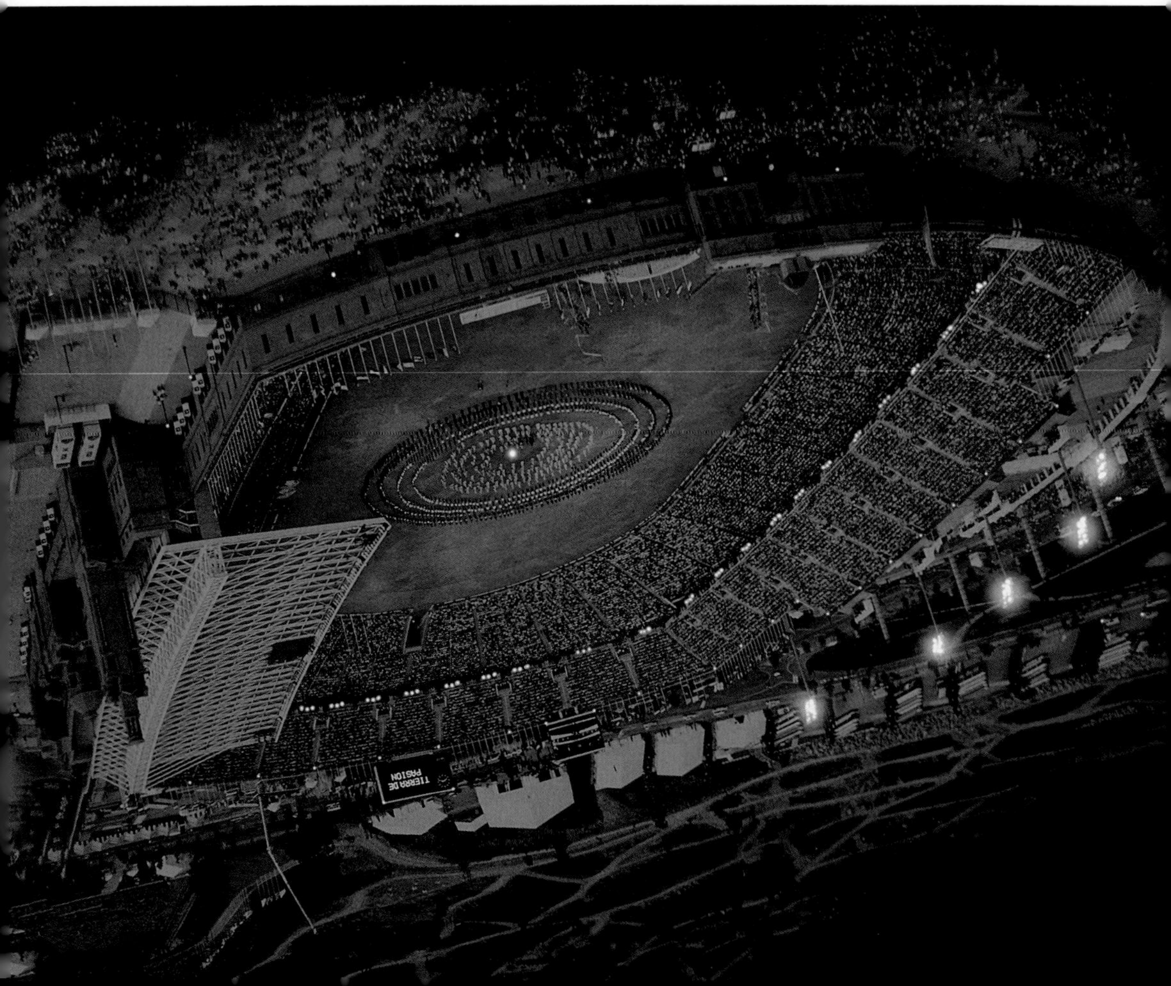

capsules are reflected in one another: the decorations of the theaters seem to form a natural symbiosis in the spherical profiles of the Apollo capsule. The rotation of the spacecraft gives the theater an invisible movement, as if it too were affected by the absence of gravity. It returns to travel in the cosmos of the imagination; the lack of spectators, in fact, is a sign of a loss: today, television and cinema have emptied these small, outlying theaters. Urban gathering happens through monitors. But the insertion of an outer space perspective (the Apollo) creates a visionary situation, between past and present, in tune with the space-time of contemporary physics, posing a question about the vantage point of the observer.

Combining traces of the past with the flow of memory that roams the sky, Toderi dilates temporal space without setting a before or an after. The intertwining of containers of earthly imagination (theater) and scientific research (Apollo) triggers a sense of affinity between stage and screen: the images of space travel always arrive through the screens of contemporary technology, those of the computers of NASA or the television. Traditional or virtual theater continues to be the place of confrontation of ideas and information, though the relationship between the spectator and the performance, the observer and the object observed, changes.

A similar process happens in Q (2003): three "Rischiatutto" booths (like

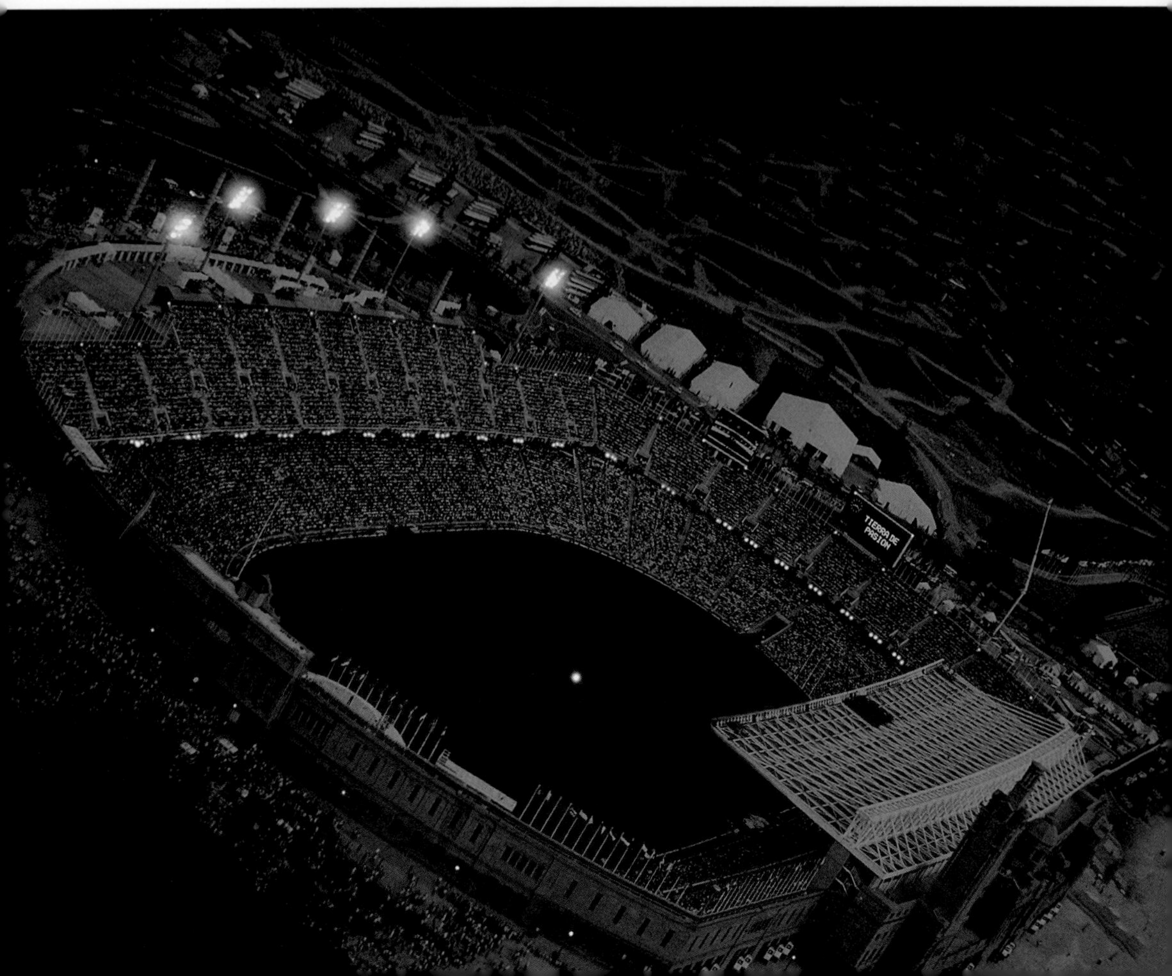

those of a famous Italian TV game show) float like spacecraft in a gray sky. Everything around them has been erased. The faces of the contestants are hidden by a halo of white light that reminds us of censorship, but also of the aura of individual human beings. The pace of questions, answers and overlapping "countdown" sounds resembles the background noise of the metropolis, but also the pulsing of medical instruments, where intermittence indicates the continuity of the heartbeat. At times the words *Quoi?* and *L'éternité* (citing the title of the novel by Marguerite Yourcenar) are superimposed on the image, or placed against the black background.

Their intermittent presence accompanies the sound of the pulsations and shifts the question toward the finite nature of existence. Though not explicitly, the "banal" wager of "Rischiatutto" implies the presence of the figure of *Kairòs*, youngest son of Uranus, the god of Time, who in Greek mythology represents the gamble, luck to be grasped while you can. In the moment in which Grazia Toderi superimposes the words *Quoi?* and *L'éternité* on the "Rischiatutto" booths, the crucial question is posed: Why am I here? Till when? In the moment in which they are seen, instead, against the black background, the enigma of eternity seems to invade the atmosphere, emptying the screen of every presence.

Art too "risks all," precisely because, as Fontana wrote in the Manifesto of Spatialism (1947), "Art is eternal, but it cannot be immortal. It may live for one or one thousand years, but the hour of its material destruction will always arrive. What is eternal is the gesture" that transmits and lives in art. To represent opportunity/risk the Greeks invented a god, *Kairòs*, with the back of his head shaven and a large forelock: you needed to grab him quickly, otherwise he would fly away with his winged feet. This implies the decision that brings mortals closer to the gods, enabling them to take part in the eternal movement of the world.

The video concludes with a luminous point similar to the one that appeared, thirty years ago, on the screen when one turned off the television. That interval between light and darkness meant that the programs were finished, that the night belongs to slumber and dreams in which it might be possible to recover the eternity of ingrained gestures that resurface in the consciousness.

The black-and-white effect reminds us of the origins of television, but also of the contrast that envelopes the crucial issues of existence. How can we fail to think of the theater, the moment the curtain falls, when darkness and light alternate?

In Q Toderi speaks of a spectacle that takes form in everyday gestures and rituals, where Time is not a god, but the human dimension of life, that extends to other lives in an eternal chain. The light that hides the faces of the contestants loses its meaning of censorship and appears as the aura that wraps the living, while the little final glow evokes a star that mysteriously crosses the television screen.

In the last video on Teatro La Fenice of Venice, *Semper eadem (*2004), the alternation of light and darkness typical of every theatrical perform-

Apollo, 2003

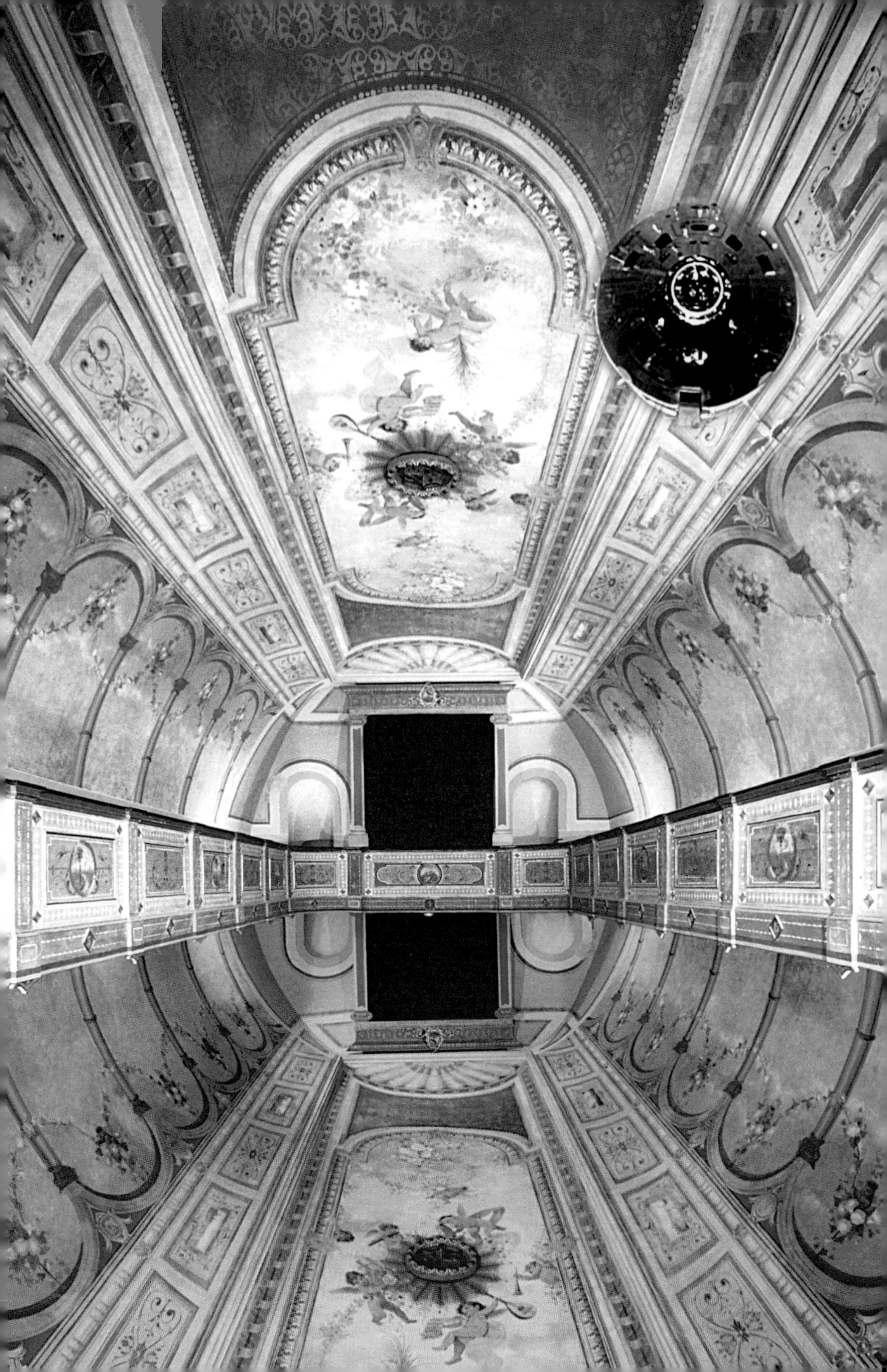

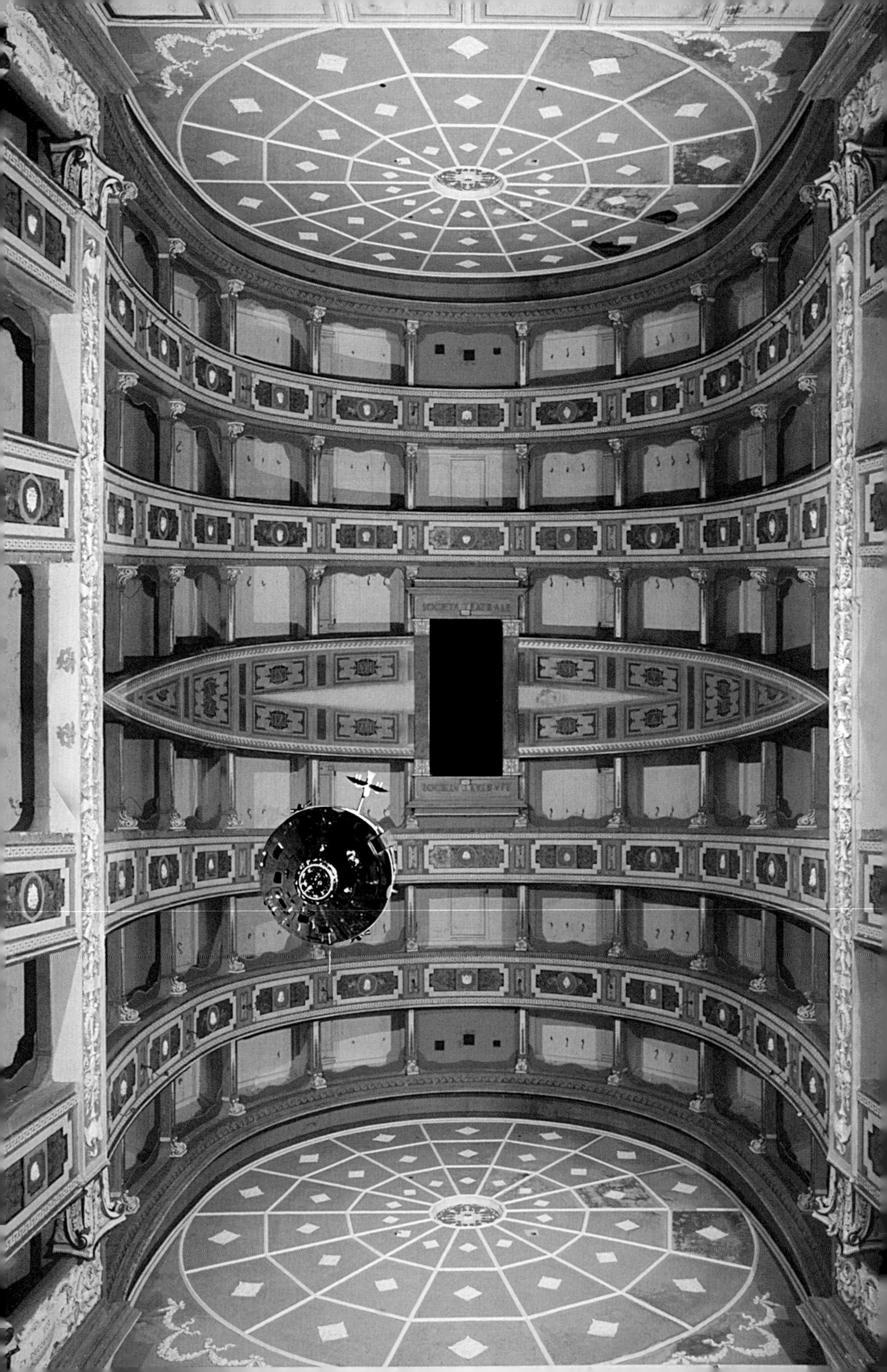
SOCIETA TEATRALE

ance goes together with the colors of the sky and water that seem to reflect in the rotating globe in which Toderi has transfigured the very body of the theater.
In Venice, age-old knowledge has aligned houses and canals according to an organic geometry: the facades of the buildings follow the flow of the water, and at the intersections of two canals the constructions are rarely perpendicular to one another, usually taking on an oblique form to remain parallel to the canal.
This rule does not respond only to the particular configuration of the territory; it is also a system for giving light an architectural function. The light, when it touches the water, creates a reflection that shines on the facades, interacting with the colors of the architecture. The entire city is wrapped in a dual refraction that, reaching objects, windows, doors, makes them visible, augmenting or attenuating their colors based on the variations of day and night, sun and fog.
This wonder recurs in the image Grazia Toderi has seen inside La Fenice. The luminous globe is bordered by a line of surfacing light (from the water? from space?) that reflects in the colors of this extraordinary object.
Hofmannsthal, in his play *The Death of Titian*, has Antonio, one of the students keeping vigil, speak these words: "The garden the master wished/ is enclosed by solemn gates,/ what is outside can only be imagined/ beyond the weave of the blossoming boughs." Battista goes on: "This is the great art of the backgrounds,/ this secret of the doubtful lights." This is an excellent synthesis of the painting of Titian, there for all to see in the backgrounds of the city, and reappearing in the enigmatic circular horizon with which Toderi has surrounded the mass of the Fenice planet with light. A planet that bears its emblem, a phoenix holding the inscription "Semper eadem" (Always the same). A name that speaks of fate: to always be reborn, as in mythology, to eternally rotate together with the images, the verses, the objects that become visible and invisible in the mutable play of light's refraction.
The luminous line Toderi has traced around the sphere of her theater is a reminder of the anarchy of water or gaseous material, both of which reject the notion of form; while the doubled hall of the theater is like the gate of the garden of Titian: only through its arches can we intuit the link between exterior and interior; without a border the human gaze floats in a void that is not of its habitat. An aesthetic choice and a representation of the perceptive density that coagulates in earthly objects, as in those of space. Toderi's theater has these two connotations. The doubling makes the cupola of the ceiling become the design of the polar caps, while the balconies arrange themselves like parallels: therefore a world, and a boundless object.
A chandelier? A prayer wheel? A glass ball in which light falls instead of snow? Planetary figures men and women call forth in their everyday actions when they decorate homes, play ball, imagine themselves rotating around the world, suspended on a carnival ride; when in a glass ball

Apollo, 2003

pp. 48-49
Centro (Center), 2004

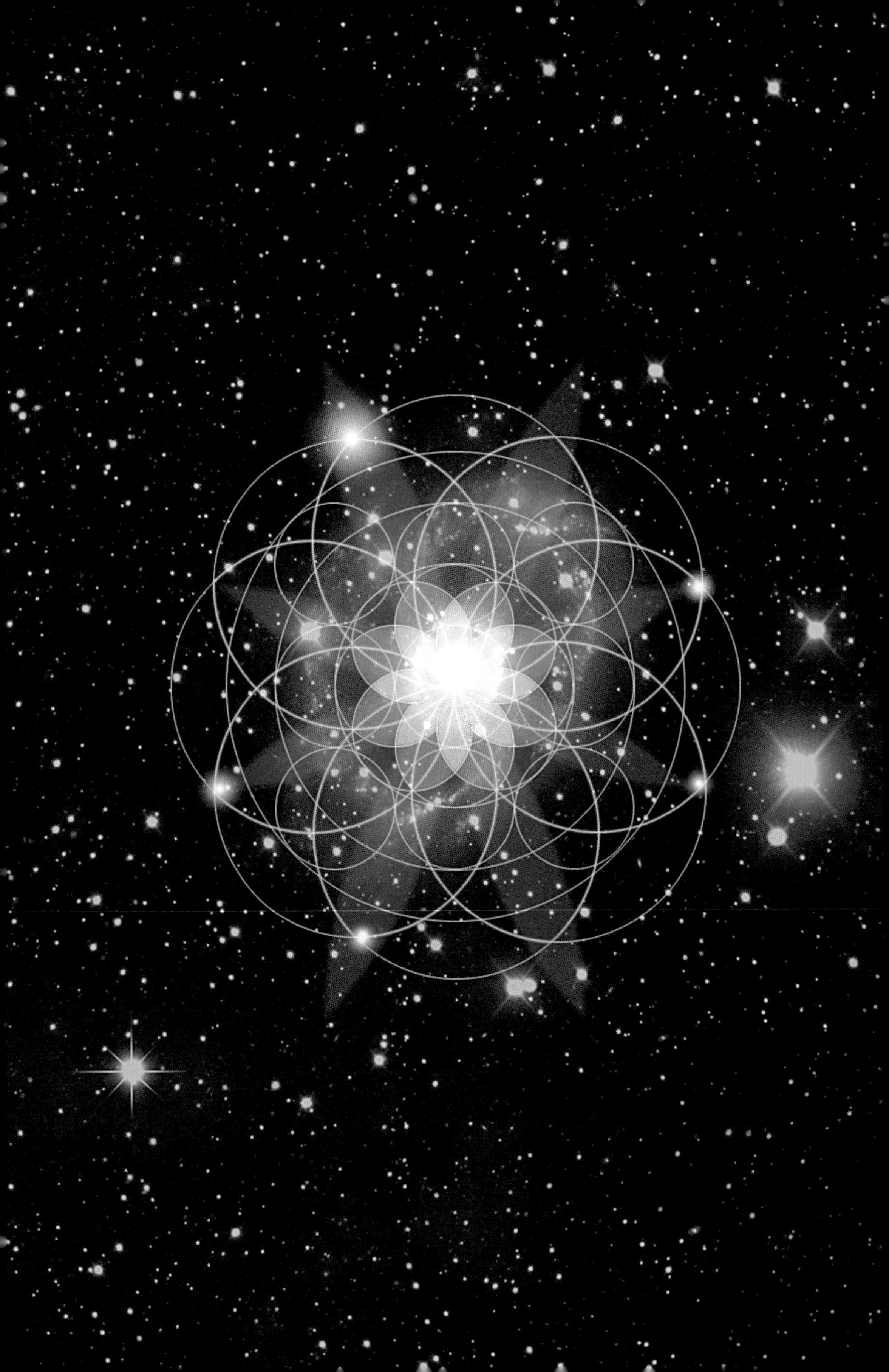

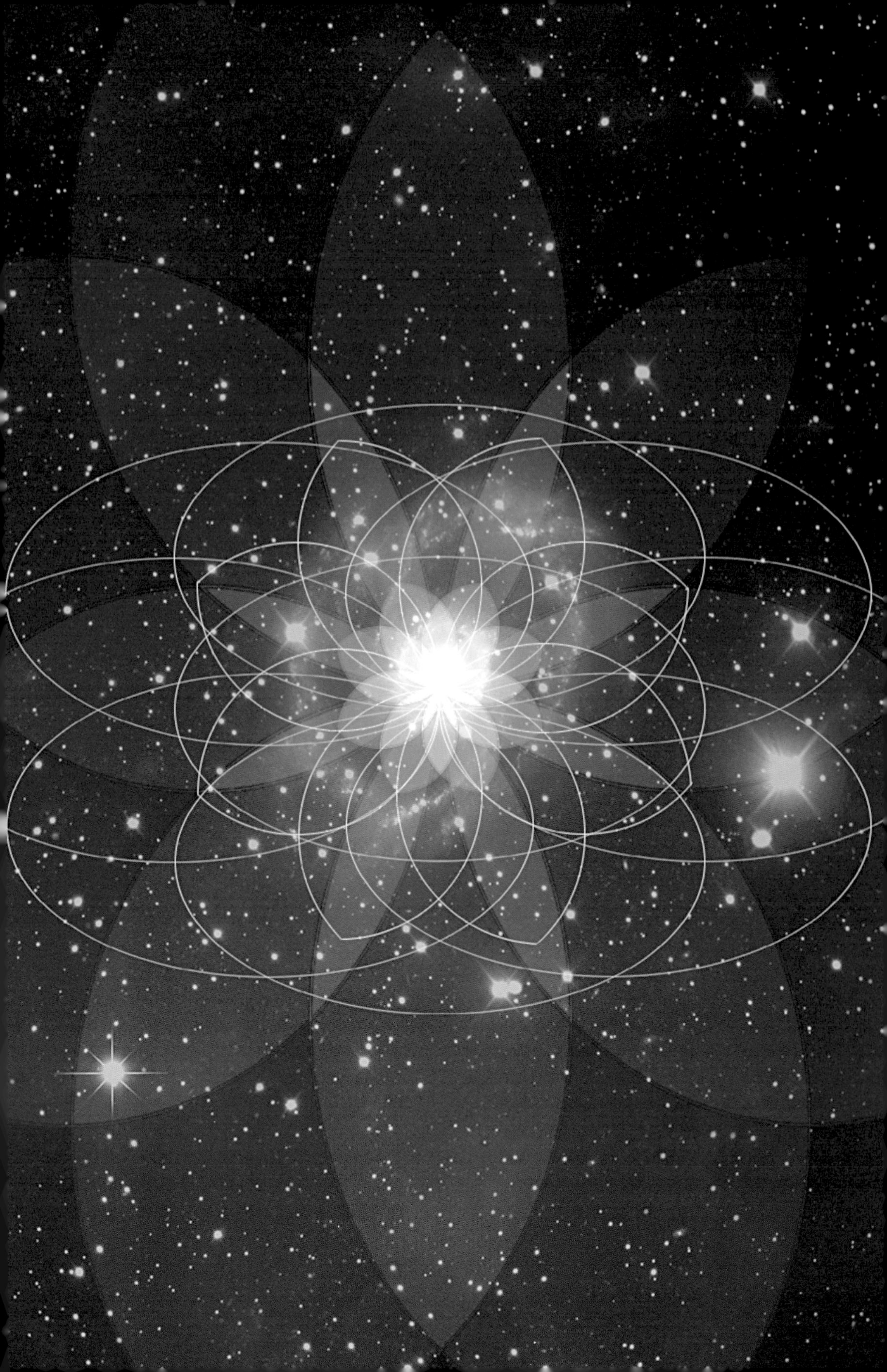

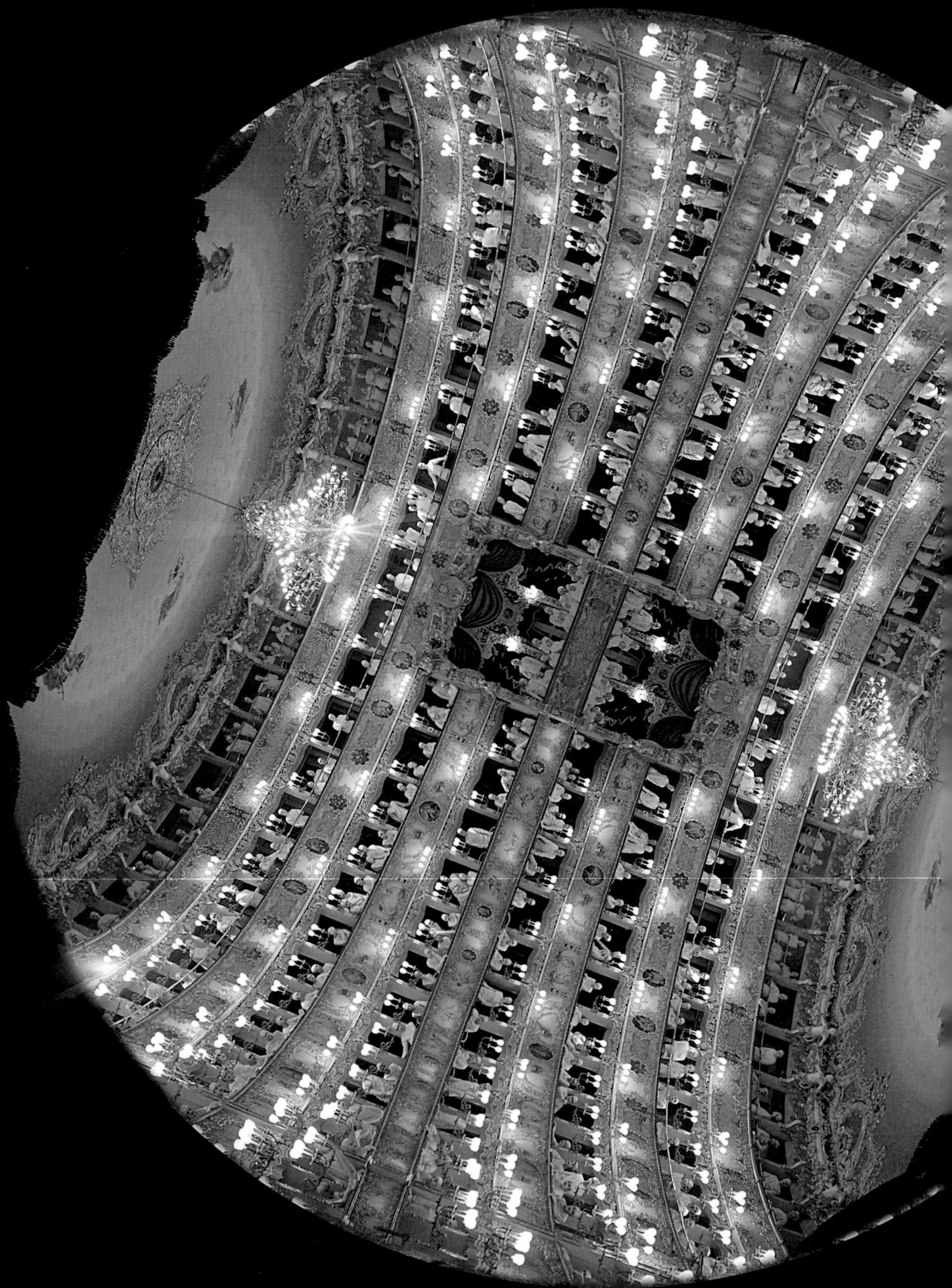

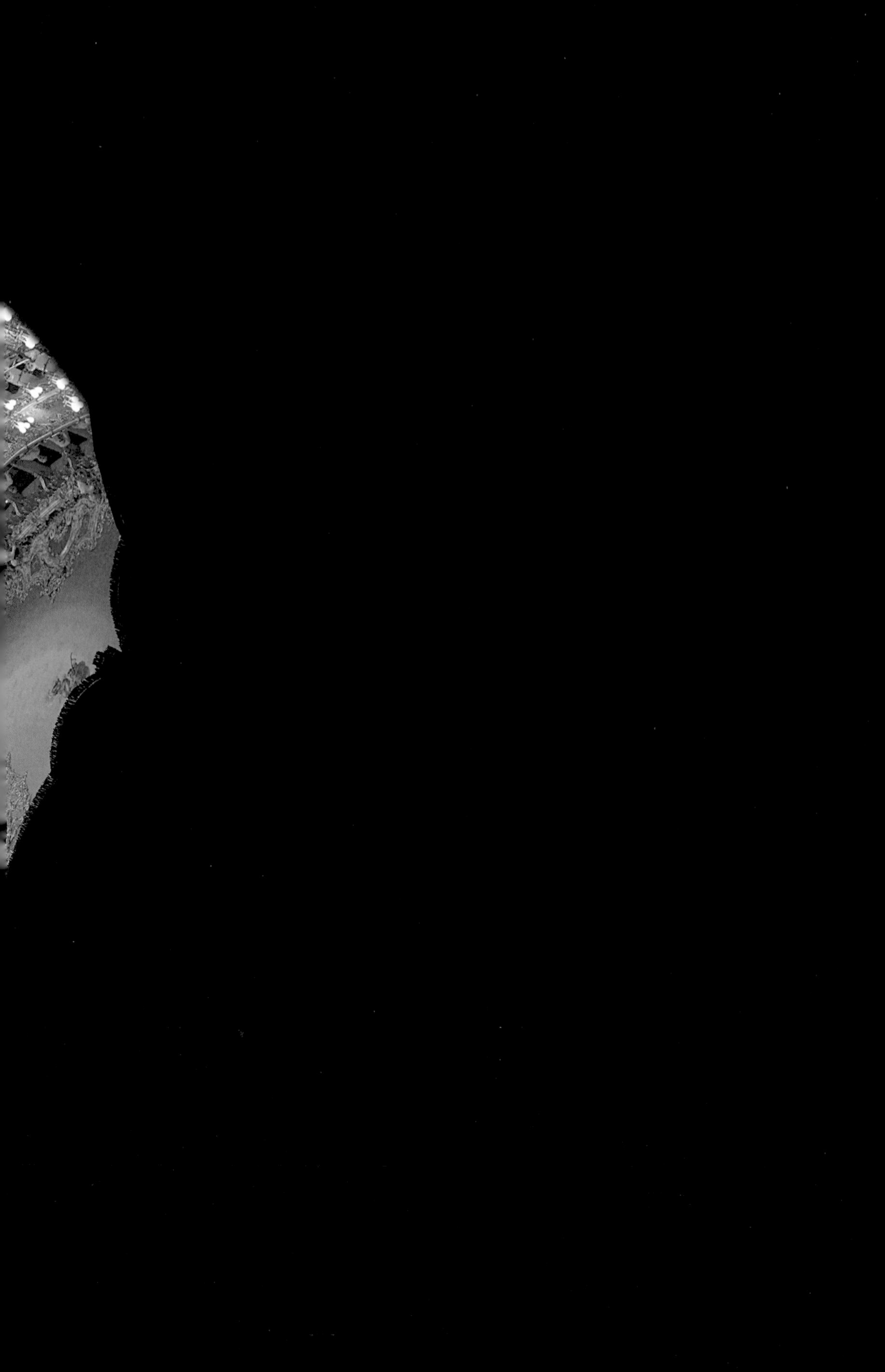

they interpret the distance from the sky, that makes the presences enclosed there so tiny, and dream of governing the elements, of making rain, snow, dust descend with a mere movement of the hand. All this, in shifted form, is still theater.

But in this case we are in Venice, in an opera house, so the motor driving this rotation is formed by music and water, as Joseph Brodsky narrates: "It is a miracle that, after having been caressed and pummeled for over a millennium, it has no cracks, it is still H_2O, it can still rise up. It truly makes one think of music paper, the sheets of a score continuously performed: the parts alternate like the tides, the bars of the staff are the canals with the numberless 'ties' of the bridges, the long windows, the curved pediments of the churches of Codussi, not to mention the violins that have lent their forms to the gondolas. Yes, the whole city resembles an immense orchestra, especially at night, with the music stands barely lit by the buildings, with a tireless chorus of waves, with the falsetto of a star in the wintry sky" (J. Brodskij, *Fondamenta degli Incurabili*, Adelphi, Milano, 2003, pp. 79-80, Italian edition).

It is a description that seems perfect for the rotating sphere of Grazia Toderi, which invades the theater like a luminous tide, where the buzz of the chords of the orchestra, preparing for *La Traviata*, seems to give voice to the flickering notes Toderi has "written" amidst the balconies with the lights and the figures of spectators dressed in white, who indicate the marvel of the spectacle in amazement. When the eyes become accustomed to the glare, the colors of the backgrounds emerge: the gold of the decorations cools, and the emerald green of the ceiling, the fringed contours of the curtain, bring us back to the "doubtful lights" of Titian, but also to the sky in the *Tempest* of Giorgione.

This is proof of what Lucio Fontana had intuitively understood: what is transmitted in the globe of the Fenice, designed by Toderi, is the gesture of the light that over the centuries continues to reflect in the figures art invents. The choral nature of the music and that of the water combine in a festival of beauty.

Brodsky says, "Beauty is there where the eye finds rest, in beauty the eye finds its peace" (op. cit.). In the infinite perspective of the firmament the eye records the original beauty of cosmic expansion, and finds rest. The brightness of the stars, their mysterious, recurring lives, let us take part in a whole that is also the image of a peace.

The link, or better, the reflection of starry space in human visual perception accompanies nearly all the images of Grazia Toderi: in *Centro* (2004) the spectacle takes place only in the sky, but the pulsating design of a mandala, that appears in the gravityless surface of the celestial vault, seems to reverse the mirror: earthly geometry is mysteriously reflected in the firmament, interweaving its circumferences with the stellar magma. The design of the mandala, like the punctiform pattern of the stars, speaks of a breakdown that gives rise to other lives, other perspectives, other designs. In this movement there appears the destiny of beauty which, as it is not static, always opens new perspectives.

pp. 50-51
Semper eadem, 2004
(particolare/detail)

The perception of an aesthetic infinity evokes, on the one hand, the particles of the cosmos, and on the other the peace that comes from the eternal repetition of the beauty of the stars; while the reflection of the perpetual motion of the stars and the mandala reminds us of the alternation of life and death that accompanies human existence on this earth.
The link between cosmic spectacle and earthly existence is also the theme of *Centaurus* (2003), the video Grazia Toderi has created for the Cripta Falconieri in the Chapel of San Giovanni dei Fiorentini in Rome, at the time of the exhibition "Intorno a Borromini" in December 2003. The altar of the chapel and the crypt below were designed by Francesco Borromini for the Falconieri family, who wanted thus to make their name immortal. The work was finished in 1683, and the tombs of the last members of the Falconieri family are still there in the crypt. From a door placed below the altar one descends two steps that wrap around the oval of the crypt. The light enters indirectly through two other ovals cut into the walls descending to the crypt. They look like big "lenses" through which to focus on the space below, adorned by tombs, stuccowork and an altar that interrupts the curve of one of the apices of the oval to create a horseshoe layout very similar to that of a theater. Here Grazia Toderi has suspended the rotating image of the galaxy Centaurus: the gilded nucleus of the core is bordered by a luminescent ellipse that takes the oval designed by Borromini into the heavens. The dual relation appears between descent to earth and ascent to heaven, not produced by the linear movement of the human gaze, but by the elusive play of refraction of the infinite. An infinite in which light has the capacity to draw and construct through the pulsations of the stars, bathed in intermittent glimmering. The fact that the image is already visible from the ovals of the staircase underlines–as Grazia Toderi writes in the catalogue–the necessity of "descending, getting lost in the dark, desiring the origin of the light, to return to the surface." At the same time, reminding us of the vantage point of theater balconies, it suggests the idea of a performance staged in the air, in the wake of voyages in space.

pp. 54-57
Il decollo (The Takeoff),
1998

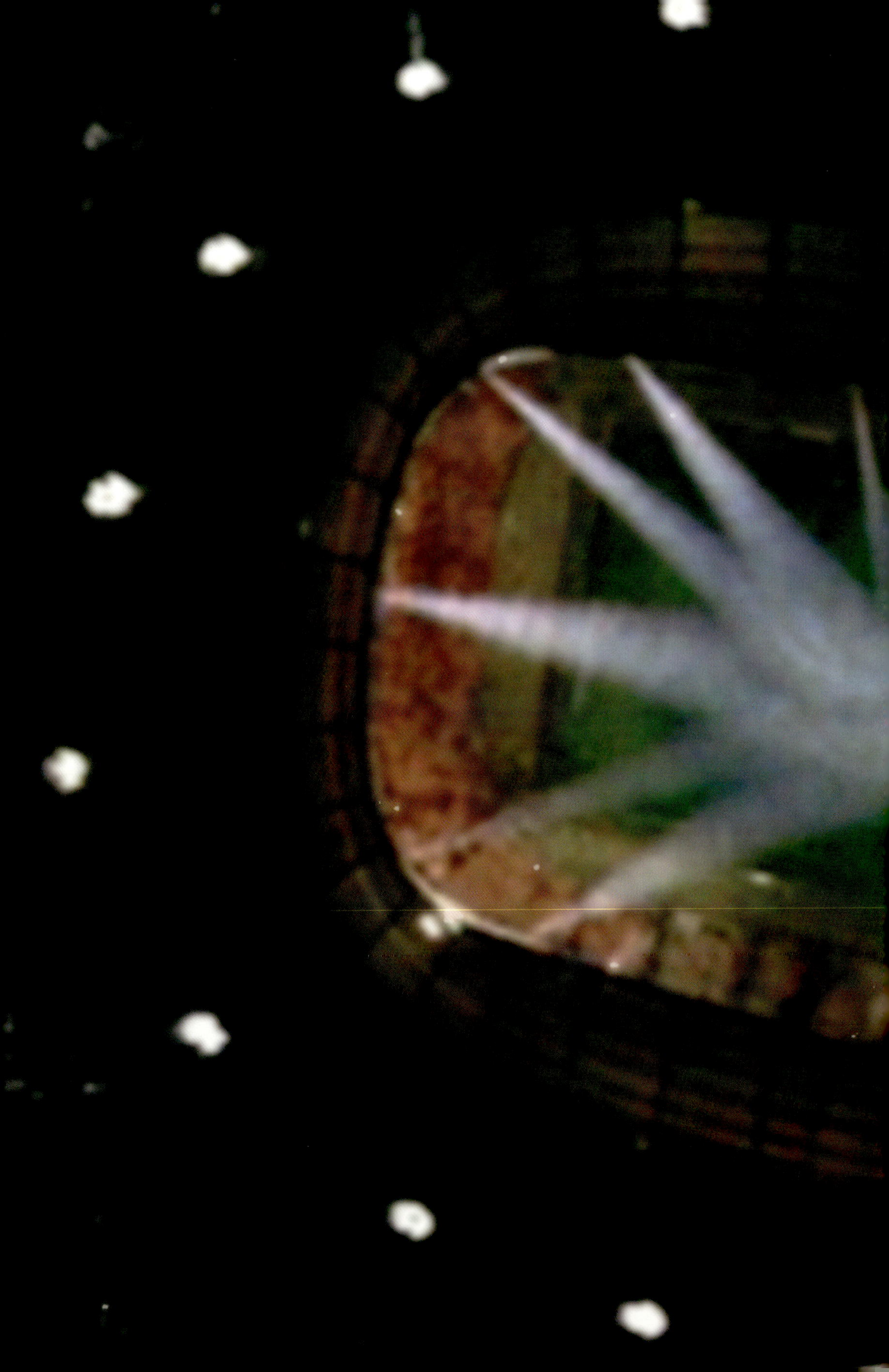

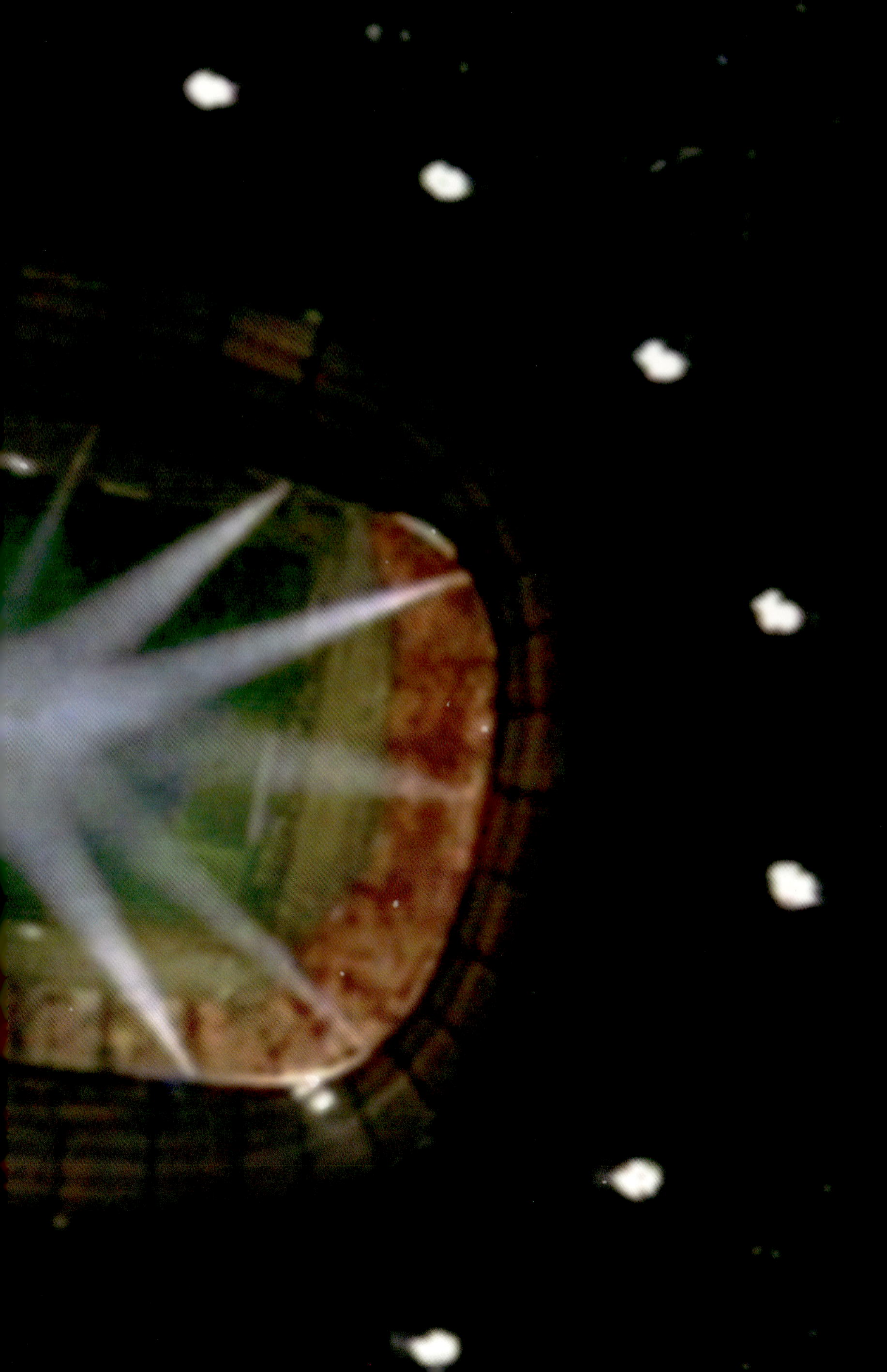

Harald Szeemann

Grazia Toderi

Penso che ci volesse un'artista italiana, che non avesse paura, ovvero avesse il coraggio di prendere il teatro come punto di partenza per alcuni lavori. I rivoluzionari del 1968 rimproverano agli artisti più giovani di essere teatrali. Questa caratterizzazione è azzeccata per molti, ma ci sono appunto percorsi diversi per arrivare a essere teatrali: il vivere la vita in modo sfrenato e la trasposizione della riflessione poetica sulla realtà.
Grazia Toderi prende come punto di partenza i luoghi del "teatro": lo stadio e la sala del tradizionale teatro-finestra del XVII e XVIII secolo. Per dirla con Duchamp l'artista denuda questi spazi scenici e gli spazi riservati agli spettatori, li sottopone a un trattamento al termine del quale hanno un'irradiazione diversa.
Mi riferisco qui ai due video: *Il decollo* (1998) ed *Eclissi* (1999). L'artista ha girato altri video con teatri e stadi, ma i due sopra menzionati mi hanno colpito più di tutti, perché vi si estingue qualsiasi narrazione. Persiste ancora l'approccio di Gertrude Stein e del pleonasmo creativo, che, attraverso due forme di realizzazione, il movimento e la luce, ovvero gli elementi della messa in scena, si rinnova un approccio che ha in sé la forza di evocare associazioni e di interpretare in modo nuovo l'apparizione.

Harald Szeemann

Grazia Toderi

I think there was a need for an Italian artist who was not afraid, or who had the courage to take the theater as the starting point for some of her works. The revolutionaries of 1968 accuse younger artists of being theatrical. That characterization applies in many cases, but in fact there are different ways of being theatrical: unbridled free expression or the translation of a poetic reflection on reality. Grazia Toderi takes the places of "theater" as a starting point: the stadium and the space of the historical proscenium theater of the 17th and 18th centuries. As Duchamp would say, she denudes those stages and auditoriums and subjects them to a treatment, with the result that they give off different emanations. Here I am referring to the two videos *Il decollo* (The Takeoff), 1998, and *Eclissi* (Eclipses), 1999. She has made other videos with theaters and stadiums, but the two I mention have made the greatest impact on me because any narrative element in them fades away. There you can still feel the approach to Gertrude Stein and to a creative pleonasm which, through two forms of expression, movement and light, i.e., elements of staging, is transformed into something different, something that contains within itself the power to trigger off associations and convey a new interpretation of appear-

In *Il decollo* la ripresa dall'alto dello stadio dei campionati mondiali di calcio di Parigi viene fatta ruotare su se stessa. È notte. Lo stadio, attraverso la sovrapposizione a forma di stella del campo e degli spalti con i fasci luminosi dei riflettori, diventa un inedito pianeta roteante su se stesso. Il suo movimento viene accompagnato dall'avvicinarsi e dall'allontanarsi dell'ovazione del pubblico. Il sonoro conferisce al pianeta un ancoraggio terrestre, che, tuttavia, non sminuisce l'attrattiva della sua nuova percezione: si tratta della transustanziazione di uno stadio in un mandala vorticante.
Eclissi è la ripresa a tutto campo della sala del teatro di Ferrara. Le file e le logge sono gremite, il teatro registra il tutto esaurito e gli spettatori aspettano l'ouverture, l'apertura del sipario e l'illuminazione, l'inizio del primo atto, il mondo immaginario dell'opera e della rappresentazione teatrale, l'entrata in scena degli eroi e delle eroine e delle canaglie, degli amanti e degli intrigoni. Ma invano. Grazia Toderi sale personalmente sul palcoscenico sovvertendo i rapporti: le file diventano teatro, ma un teatro che le coinvolge, la luce le dissolve, pian piano la sala diventa un'immagine luminosa. Il teatro si scioglie nell'universo.
Mi limito qui a queste due transustanziazioni, perché per mezzo del video trasformano in maniera unica il reale in irreale e questo con una cura che lascia incantati. Gli stadi e i luoghi d'aggregazione del teatro dello spettacolo e dell'offerta culturale attuali acquistano un'altra dimensione. Anche La Fenice conoscerà questo destino.

ances. In *Il decollo*, the stadium of the football World Cup, seen from above, is put in rotation. It is night. Through the star-like superimposition of the pitch and stands with the beams of the floodlights, the stadium becomes a rotating planet that we have never seen before. Its movement is accompanied by the rise and fall of the roars of the crowd. Through this sound the planet receives a grounding to the earth, but this does not diminish the attraction of the new evaluation: the transubstantiation of a stadium into an orbiting mandala. *Eclissi* is a view of the entire auditorium of the theater in Ferrara. The stalls and boxes are packed with people, the house is sold out, and the audience is waiting for the overture, for the curtain to rise and the lighting to come up, for the presentation of the first act, the illusory world of opera or drama, the entrance of heroes and heroines and villains, of lovers and intriguers. But in vain. Grazia Toderi takes over the stage and reverses the relationships: the rows of seats become a theater, but a theater that affects them, light dissolves them, the auditorium is slowly transformed into a manifestation of light. Theater dissolves into universe.

If I confine myself here to these two transubstantiations it is because, through the medium of film, they transform reality into unreality in a unique way, doing so with a delicacy that is spellbinding. Stadiums and theaters where people congregate for our modern entertainments and cultural offerings take on a different dimension here. Also La Fenice will experience it.

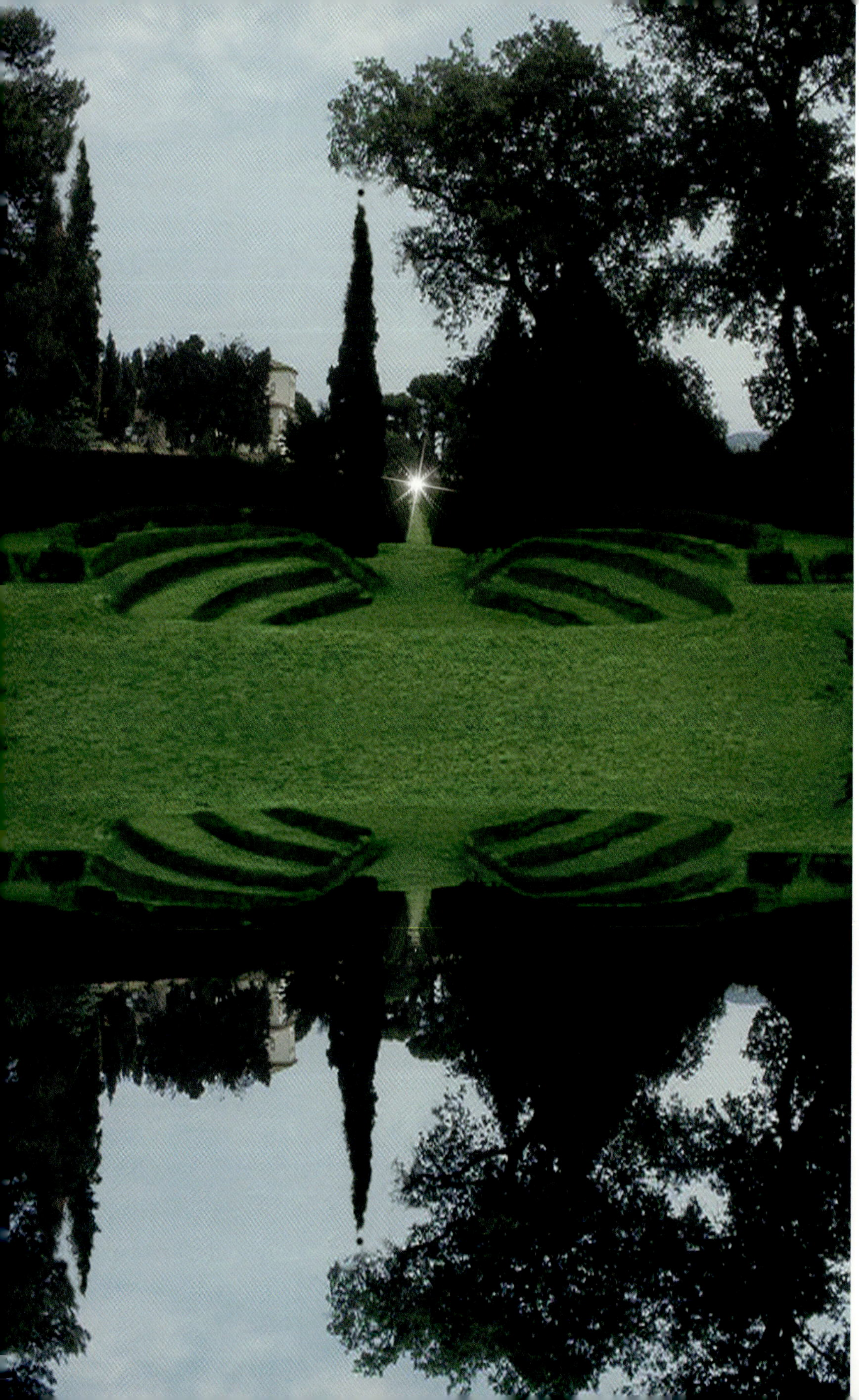

Giulio Paolini
La promessa di immobilità del Tempo

Da che mondo è mondo (da che arte è arte) abbiamo sempre guardato in avanti: davanti a noi, voglio dire. Chi per procedere, avanzare, farsi largo magari a fatica pur di dimostrare di esserci, occupare via via posizioni, punti sempre più *in vista*. E chi invece per puntare dritto al traguardo, pur sapendolo irraggiungibile, per inquadrare il proprio punto *di vista*, convinto che quel che si muove in primo piano, davanti a noi, non sia tanto un ostacolo da rimuovere quanto un oggetto da rappresentare.
Dai nostri primi passi nel mondo (dalle prime incisioni rupestri) all'epoca attuale (alle ultime proiezioni virtuali) gli strumenti a nostra disposizione si sono evoluti... Qualcosa però non è cambiato perché non suscettibile di evoluzioni o rivoluzioni: la natura, o per meglio dire la struttura dell'immagine. Ciò che vediamo, insomma, o che crediamo di vedere.
Se l'arte è immagine (forse lo è ancora), le "regole" che da sempre osserva sono le stesse che oggi valgono a farci "credere" nel nostro punto di vista.
Quando guardiamo le opere-video di Grazia Toderi non osserviamo delle proiezioni, ma cogliamo delle immagini. Ecco la prova: di solito (almeno a me questo succede) lungo la durata di una video-proiezione prima o poi lo sguardo volge all'indietro a verificare l'origine del mezzo tecnico, ad appurare cioè come il fascio di luce emesso alle nostre spalle possa prendere corpo, raffigurarsi depositandosi sulla parete.
Assistendo invece alla "grazia" di *Orchestra* o *Il mondo privato* (due sue opere che ho ammirato di recente) ci troviamo tout-court di fronte all'immagine, spogliata del dato tecnico, materiale..., ci sentiamo assegnati, affidati a una visione che ci sottrae alla forza di gravità della cronaca, al peso di un inizio e di una fine, per annunciarci un'illusione di eternità, la promessa di immobilità del Tempo.

Il mondo privato (Private world), 2003

Giulio Paolini
The Promise of Time's Immobility

Since the world began (and art with it) we have always looked forward: in front of ourselves, I mean. In order to proceed, to advance, to push one's way, arduously perhaps, to prove we are there, gradually occupying positions, points that are more and more *in view*. Or, instead, to aim straight at the goal, knowing it is unachievable, to put a frame on our point *of view*, believing that what moves there in the foreground, in front of us, is not so much an obstacle to be pushed aside as an object to be represented.
From our first steps in the world (from the first cave engravings) to the present (to the latest virtual projections) the tools available to us have evolved... Something, however, has not changed, because it is not subject to evolution or revolution: the nature, or to put it better, the structure, of the image. What we see, in short, or what we believe we see.
If art is image (maybe it still is), the "rules" it has always observed are the same ones that work today, making us "believe" in our point of view.
When we look at the video works of Grazia Toderi we do not observe projections, we grasp images. Here's the proof: usually (at least in my case) during a video projection sooner or later our gaze turns back to check on the origin of the technical process, to see how the ray of light emitted behind us takes form, depicting itself as it settles on the wall.
Watching, instead, the "grace" of *Orchestra* or *Il mondo privato* (two of her works I have recently admired), we find ourselves faced *tout court* with the image, stripped of technical and material trappings... We feel as if we have been assigned, entrusted to a vision that subtracts us from the gravitas of the chronicle, from the weight of a beginning and an end, announcing an illusion of eternity, the promise of Time's immobility.

Il mondo privato (Private world), 2003

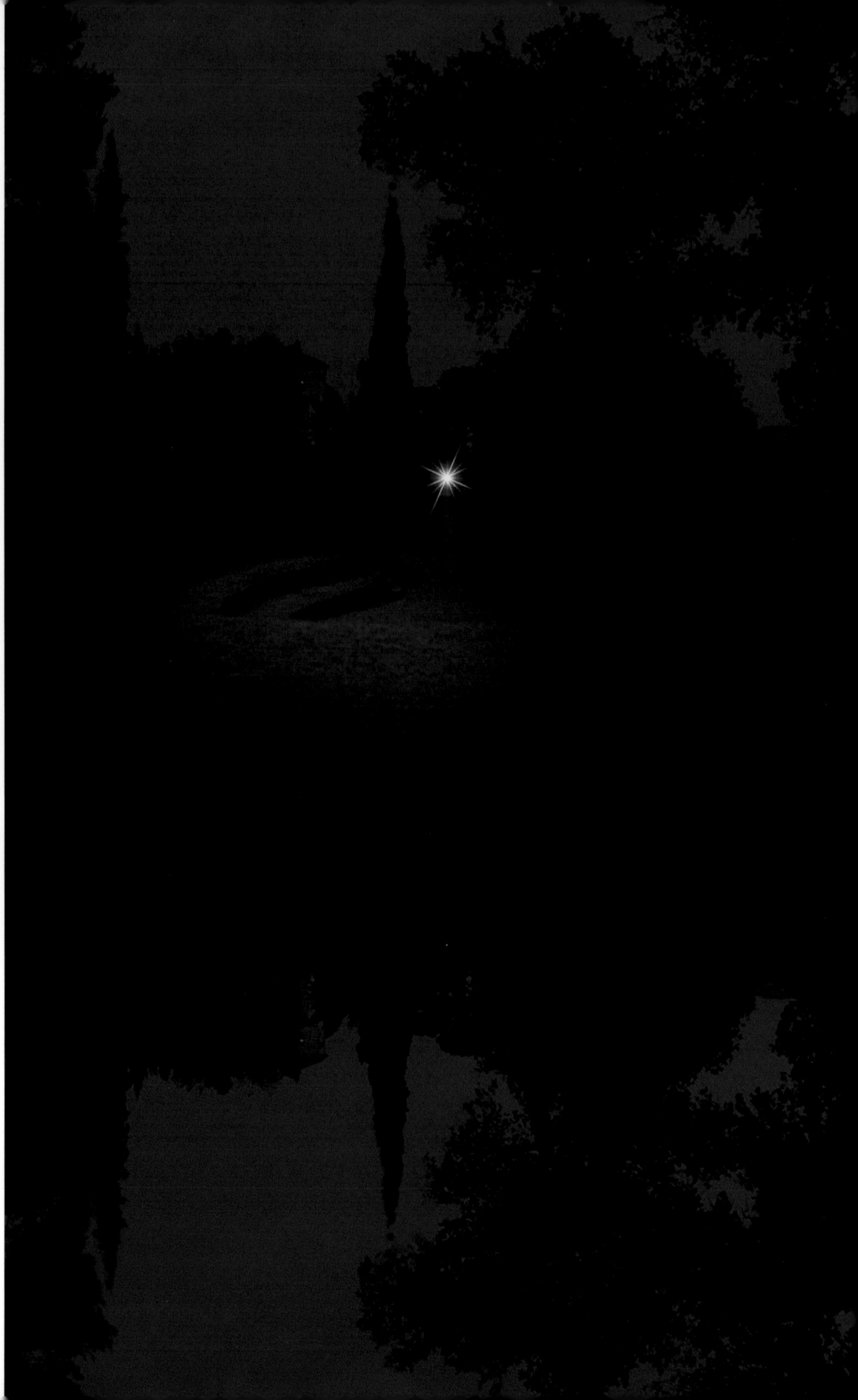

Hans Ulrich Obrist
Conversazione con Grazia Toderi

Hans Ulrich Obrist: *La tua pratica artistica passa attraverso l'esplorazione di alcuni spazi – confini che si impongono poi come isole sulle quali tu sembri voler incentrare il tuo lavoro. Penso all'impiego di ambientazioni piuttosto significative ai miei occhi come gli stadi o i teatri.*

Grazia Toderi: L'interesse per questi spazi è nato dal fatto che trovavo necessario coniugare una memoria collettiva a una memoria privata. Da *Nata nel '63* (1996), ho cercato di esplorare il rapporto che poteva esistere tra una visione collettiva e una visione più privata e intima. Siamo stati la prima generazione unita, pur in luoghi diversi del mondo, da una memoria storica e collettiva che per la prima volta si coniugava contemporaneamente attraverso la televisione. Questo è per me uno degli aspetti più affascinanti del video, la possibilità di essere trasmesso contemporaneamente in milioni di case in tutto il mondo. Lo sbarco dell'uomo sulla Luna e l'omicidio Kennedy sono immagini che, per chi come me è nato negli anni Sessanta, si ricordano come una sorta di memoria infantile e privata di grandissima forza, capace però di entrare in relazione con la memoria di migliaia di altre persone. La conoscenza del mondo, della terra, dell'esperienza e anche della morte sono passate nella nostra infanzia attraverso la televisione ancor più che attraverso l'esperienza diretta.
Così, per tornare alla tua domanda, quello che mi interessa dello stadio è da una parte il fatto che le sue immagini televisive siano viste contemporaneamente a livello mondiale da milioni di persone, creando così una forte memoria collettiva, e che sia uno spazio cinto tutt'intorno da mura. Si oltrepassano quelle mura per vedere un gioco insieme ad altre persone, accettando improvvisamente regole che sono completamente diverse da quelle esterne. Le leggi del gioco sono terribilmente serie e rigorose, eppure universalmente accettate e rispettate da tutti, si controllano i centimetri, i decimi di secondo delle azioni, spazio e tempo vengono guardati e riguardati alla moviola, eppure nessuno mai osa dire che le regole del gioco debbano essere messe in discussione. Mi è sempre parso importante questo aspetto di relazione tra creatività e rigore nel gioco dell'uomo, che diventa

anche, se vuoi, discorso sull'utopia.
Così dallo stadio, da migliaia di persone insieme che guardano un unico evento, non può che uscire una potentissima energia. Per poter evidenziare questo tipo di riflessione ho sviluppato sempre più nei miei lavori una prospettiva privilegiata che abbracciasse tutto, e che non potesse essere vista che dall'occhio del video, andando a ricercare, nell'enorme banca dati che è la TV, le prospettive dall'alto.
Questo accento sulla visione dall'alto si ritrova già nel video sul lancio dell'astronave che sale verso la Luna, ma nel lavoro sugli stadi è ancora più evidente, come se una volta arrivati in alto ci si potesse finalmente girare, e rendere conto di qualcosa di diverso guardando la nostra Terra da lontano.
Ho così incominciato a fare tante registrazioni e le immagini degli stadi sono tutte rubate dalla televisione.
Un'altra cosa che mi interessa moltissimo del gioco è il rapporto con la palla, che era già presente appunto in *Nata nel '63*, dove una bambolina ruota su se stessa in assenza di gravità, con una palla in grembo, gli astronauti hanno una loro orbita, la Luna un'altra orbita ancora, e sempre una palla-sfera con le sue traiettorie è presente negli stadi, come in rapporto con il nostro pianeta e con una circolarità che appartiene anche al tempo dei miei video.
La visione del gioco è una grande metafora e la si può guardare con occhi diversi, pensando che tutte queste persone in realtà non sono interessate alla lotta, al contrasto tra una squadra e l'altra, ma sono lì per guardare il disegno delle traiettorie che questa palla fa nello spazio.

H.U.O.: *Vedi quanto mi stai dicendo conferma il mio interrogarmi davanti ai tuoi lavori sul rapporto che esiste tra luogo e non luogo; ora osservando i video dei quali abbiamo parlato mi sembra di capire che ci sia da parte tua la volontà di lasciare spazio a un'immagine o a uno spettacolo intatti, solo per così dire presi a prestito. Si tratta in un certo qual modo di situazioni trovate ovviamente nell'ambito di una ricerca. Esistono invece altre tue opere, come per esempio il lavoro che hai fatto sul teatro, che prevedono un tuo intervento diretto su quanto accade davanti alla telecamera. Lì la situazione cercata viene da te cambiata.*

G.T.: Per i grandi eventi sportivi lavoro su immagini di scarto televisive, trasmesse per pochissimi istanti negli intervalli o in tempi d'attesa, destinate a essere oggi immediatamente riciclate e sostituite dall'evento successivo ed essere poi dimenticate. Recuperandole le rendo nuovamente visibili in un anello di tempo teoricamente infinito.
In effetti il discorso sul teatro è differente rispetto al lavoro sugli stadi

perché non si tratta di eventi trasmessi a livello di divulgazione di massa. Per il teatro non ho mai trovato immagini televisive da rubare, ma le ho dovute girare io stessa. In passato ogni piccolo paese in Italia aveva il suo teatro, luogo dove si entrava per incontrarsi, guardarsi e sognare insieme, partecipando anche attivamente allo spettacolo in scena. Oggi la maggior parte di questi luoghi sono andati distrutti o si sono trasformati in affascinanti gusci architettonici, solitari e solipsistici senza più la loro primaria funzione sociale, dove il tempo sembra essersi fermato.
Considero il teatro e lo stadio (con il loro antenato Colosseo) come due spazi molto italiani. Il rapporto con il teatro e l'idea di consacrargli un video è nato all'inizio anche come omaggio a Kubrick. Riprendendo le persone all'interno dell'anello di un teatro, l'idea era quella di ricreare il tipo di architettura dell'astronave di *2001 Odissea nello spazio*, una grande ruota che viaggia nello spazio con degli spettatori-viaggiatori che anche in questo caso sono uniti da qualcosa che li racchiude.
Questi spettatori, ad esempio in *Eclissi* del 1999, hanno dei binocoli con i quali possono guardare la volta stellata, in *Random* del 2001 emettono flash luminosi... e si trovano all'interno di uno spazio completamente aperto verso il cielo, fluttuante nello spazio.

H.U.O.: *In qualche modo l'osservazione che tu fai servendoti delle immagini dall'alto è anche un grande omaggio alla potenza evocatrice delle città?*

G.T.: Dopo *Il decollo* (1998) mi sono alzata, allargando lo sguardo, e ho trovato la città con le sue geometrie.
Italo Calvino ne *Le città invisibili* narra della città di Andria: "[...] ogni sua via corre seguendo l'orbita d'un pianeta e gli edifici e i luoghi della vita in comune ripetono l'ordine delle costellazioni e la posizione degli astri più luminosi [...] Il calendario della città è regolato in modo che lavori e uffici e cerimonie si dispongono in una mappa che corrisponde al firmamento in quella data: così i giorni in terra e le notti in cielo si rispecchiano. Pur attraverso una regolamentazione minuziosa, la vita della città scorre calma come il moto del corpi celesti e acquista la necessità dei fenomeni non sottoposti all'arbitrio umano [...] Così perfetta è la corrispondenza tra le nostre città e il cielo che ogni cambiamento comporta qualche novità tra le stelle [...] Ogni cambiamento implica una catena d'altri cambiamenti [...] la città e il cielo non restano mai uguali [...]".
Credo sia uno dei testi più belli sull'utopia e sulla politica. Il rispecchiamento tra terra e cielo è alla base dell'origine di ogni città del mondo. Così parte delle immagini nascono dai viaggi in aereo, dal

fatto di percorrere le città dall'alto, dalle traiettorie tremule e scintillanti delle luci nella notte. Il primo lavoro sulle città dall'alto, *La pista degli angeli*, (2000), lo avevo ideato su Castel Sant'Angelo, a Roma, il mausoleo fatto costruire dall'imperatore Adriano: la sua pianta ha un disegno a stella che contiene al suo interno un pentagono, che contiene un quadrato, e al suo interno ancora un cerchio. Geometrie inglobate l'una nell'altra: volevo creare una sorta di pista d'atterraggio per qualcuno che guardava dall'alto, un punto di vista non umano, non soggetto alla gravità terrestre
Subito dopo per realizzare *Firenze, stelle di terra* (2000) mi sono servita di un elicottero e sono andata in volo sopra la città. Avevo un'idea della pianta di Firenze, ma quando voli in elicottero non riesci mai a raggiungere un'altezza tale da allontanarti sufficientemente da terra, quello che volevo ritrovare, era la geometria della città, ma nella notte l'illuminazione pubblica faceva sparire tutto quanto. Volevo avere un punto di vista "ideale": in aereo, con una visione di passaggio, non lo avrei potuto realizzare, ma anche in elicottero non sarei mai riuscita ad avere la rotazione e un punto di vista non legato alle leggi della gravità e della prospettiva. Quindi alla fine ho lavorato su immagini fotografiche militari, che sono le uniche con una mappatura geometrica senza distorsioni prospettiche.
Poi ho proiettato il video in piazza della Repubblica pensando di offrire un regalo a una città così consumata dalle immagini turistiche, una visione della stessa assolutamente inusuale, il potersi guardare in modo diverso: dall'alto. Le persone che passavano da piazza della Repubblica, che è una piazza molto trafficata, si fermavano a cerchio intorno all'immagine, e ognuno ricercava con il dito alzato verso la proiezione quello che era il proprio spazio, la propria casa, il proprio quartiere, i propri percorsi all'interno della visione della città dall'alto. Tanti spazi, tanti luoghi erano stati disegnati dagli artisti stessi ed è sorprendente vedere sino a che punto in Italia gli artisti hanno influito nella realizzazione di città come Roma o Firenze.

H.U.O.: *Quanto mi dici mi fa subito pensare a un'opera ai miei occhi straordinaria di Marisa Merz, credo un lavoro che risale agli anni Sessanta, forse alla fine degli anni Sessanta; come tu hai affittato un elicottero, Marisa ha affittato un aereo e con questo aereo ha fatto una linea diagonale attraverso Roma. Giù a terra c'era Mario Merz che era in contatto con lui tramite un Walkie Talkie e disegnava la linea che Marisa faceva, meraviglioso, no? Negli anni Sessanta l'Italia era costellata di artisti straordinari; quel periodo rappresenta per te un momento di influenza o comunque qual è il tuo rapporto con questi artisti?*

G.T.: Amo e rispetto moltissimo le loro opere, che con gioia riscopro sempre come nuove a ogni incontro. Sicuramente questi artisti hanno influito moltissimo sul mio fare artistico, ho cercato di lavorare tenendo sempre presente il loro esempio e la loro qualità, come se loro mi stessero a guardare. In Italia l'arte ha una storia molto antica, e l'arte antica è anche contemporanea, perché esiste e viene rivissuta e trasformata ogni giorno da ciò che le ruota intorno nelle città, nelle piazze, nel paesaggio. Quando immagino le mie proiezioni a parete ricordo sempre a me stessa gli affreschi di Giotto a Padova e Assisi... e cerco di essere all'altezza... un altro artista che amo molto è Lucio Fontana.

H.U.O.: *E cosa esattamente ti interessa così tanto in Fontana? Sono felice e sorpreso perché non ne hai mai parlato prima...*

G.T.: Di Lucio Fontana mi interessa innanzitutto il rapporto con l'attraversamento dello spazio, il tentativo di oltrepassarlo, di negarlo e nello stesso tempo di giocare con le sue dimensioni e le sue leggi, il gesto di passare dalla superficie alla profondità. I piccolissimi disegni di Fontana e i suoi teatrini sono per me una fonte di contemplazione inestinguibile. L'altra parte che mi affascina e allo stesso tempo commuove è il suo *Manifesto sulla televisione*, così carico allora di entusiasmo per questo mezzo meraviglioso, che nel tempo non si è sviluppato nella direzione poetica e utopica immaginata da Fontana... così a volte gioco a vedere i suoi teatrini come delle cornici televisive.

H.U.O.: *Hai mai pensato di proiettare queste immagini anziché in un riquadro in un tondo?*

G.T.: No, perché lavoro comunque molto sull'immagine televisiva. Questo formato, per me è importante che rimanga televisivo e che non diventi quadrato o cerchio.
Ma al Teatro La Fenice di Venezia mi sono trovata in un ambiente talmente avvolgente che ho voluto racchiudere tutta la sua immagine in un cerchio che ruota, chiudendo l'anello dell'abbraccio del teatro su se stesso.
Mi piace molto l'idea della proiezione, il fatto che l'opera fisicamente sia in un nastro o in un disco, ma che poi appaia altrove come proiezione di luce immateriale e senza peso, che illumina e trasforma con le sue tonalità e le sue vibrazioni di luce tutto lo spazio che ha intorno, mantenendo la discrezione e la magia di sparire con un pulsante, solo luce, energia che appare e scompare.

Hans Ulrich Obrist
Conversation with Grazia Toderi

Hans Ulrich Obrist: *Your artistic practice moves through the exploration of spaces–confines that take the form of islands on which you seem to want to focus your work. I'm thinking about the use of settings that are quite significant, in my view, such as stadiums or the theater.*

Grazia Toderi: My interest in these spaces comes from the fact that I needed to connect a collective memory and a private memory. Since *Nata nel '63* (1996) I have tried to explore the relationship that could exist between a collective vision and a more private, personal vision. We have been the first generation united by a historical and collective memory that from different points of the world simultaneously combined through television. For me this is one of the most fascinating aspects of video, the possibility of being simultaneously broadcast in homes all over the world. The moon landing and the Kennedy assassination, for someone like me, born in the 1960s, are images that evoke personal childhood memories of great force, but also are capable of establishing a relationship with the memories of thousands of other persons. Awareness of the world, of the earth, of life, of death was conveyed, in our childhood, by television more than by direct experience.
So to get back to your question, what interests me about the stadium is the fact that its televised images are seen simultaneously, worldwide, by millions, creating a vivid collective memory, while at the same time it is a space enclosed by walls. You enter those walls to see a game, together with other people, suddenly accepting rules that are completely different from those in effect outside. The rules of the game are terribly serious and rigorous, yet they are universally accepted and respected by all. Centimeters, tenths of a second are checked and controlled, space and time are watched and watched again in replays, yet no one dares suggest that the rules of the game should be revised. I've always been aware of the importance of this aspect of the relationship between creativity and discipline in human play. And this, if you will, could also be a discourse on utopia.
A stadium, thousands of persons together watching the same event,

cannot help but emit a very powerful energy. To bring out this type of reflection, in my works I have always taken a privileged perspective that embraces all, which cannot be seen except by the eye of the video camera, going to look for perspectives from above in that enormous databank that is television.
This accent on the view from above is already evident in the video on the launch of a spaceship that rises toward the moon, but it is even clearer in the work on the stadiums, as if once the heights had been reached it was finally possible to turn around, conveying something different by observing our Earth from afar.
So I began to make lots of recordings–the images of stadiums are all stolen from television.
Another thing that interests me a great deal about play is the relationship with the ball, which was already there in *Nata nel '63*, where a doll rotates, weightless, with a ball in her lap. The astronauts have their orbit, the moon has another. And a ball-sphere with its trajectories is there in the stadiums, as if in relation to our planet and to a circularity that also belongs to the tempo of my videos.
The viewing of the game is a big metaphor, and it can be seen with different eyes, thinking that all those people are actually not interested in the context, the battle between one team and the other, but are only there to watch the design of the trajectories the ball makes in space.

H.U.O.: *What you are telling me confirms my questions about your works regarding the relationship that exists between the place and the non-place; now, looking at the videos we have discussed, I seem to understand that on the one hand you leave room for an intact image or spectacle that has been borrowed, so to speak. In a certain sense these are found situations, obviously in the context of research. Other works of yours, instead, such as the one on the theater, call for your direct intervention on what is happening in front of the video camera. You change the situation.*

G.T.: For the major sporting events I work with discarded television images, broadcast during halftime, or in very short pauses, destined today to be immediately recycled and replaced by the next event, and then to be forgotten. I recover them and make them visible once again, in a theoretically infinite time loop.
In effect the work on the theater is different from the work on the stadiums, because theater events are not broadcast on such a mass level. Therefore I have never found televised images to steal; I had to shoot them myself. In the past every small town in Italy had its theater, a place people went to meet, to see and be seen, to dream together, also actively participating in the staged entertainment. Today

most of these places have been demolished or transformed into fascinating solitary architectural shells, solipsistic without their primary social function, places where time seems to have stood still.
I think of the theater and the stadium (with their ancestor, the Colosseum) as two very Italian spaces. The relationship with the theater and the idea of putting it into video also began as a tribute to Kubrick. Filming people inside the ring of a theater, the idea was to recreate the type of architecture of the spaceship in *2001: A Space Odyssey*, a big wheel that travels in space, with the spectator-voyagers who once again, in this case, are united by something that encloses them.
These spectators, in *Eclissi* (1999), for example, have binoculars with which they can watch the starry vault. In *Random* (2001) they emit luminous flashes... and they find themselves inside a space completely open to the sky, floating in space.

H.U.O.: *Is your observation, using images from above, somehow also a great tribute to the evocative power of cities?*

G.T.: After *Il decollo* (1998) I went higher, widening the gaze, and found the city with its geometries.
Italo Calvino, in *Invisible Cities*, tells of the city of Andria: "[...] all its streets follow the orbit of a planet and the buildings and places of common life repeat the order of the constellations and the position of the most luminous stars [...] The calendar of the city is regulated in such a way that work and offices and ceremonies are arranged on a map that corresponds to the firmament on that date: thus the days on earth and the nights in the sky reflect each other. Though through minute governance, the life of the city flows calmly as the movement of the heavenly bodies, assuming the necessary quality of phenomena not subjected to human will [...] So perfect is the correspondence between our cities and the sky that every change brings about something new amongst the stars [...] Every change implies a chain of other changes [...] the city and the sky never remain the same [...]"
I believe this is one of the most beautiful texts on utopia and politics. The mutual reflection of earth and sky lies at the origin of every city in the world. Thus part of the images come from airplane trips, from the fact of flying over cities, from the trembling, sparkling trajectories of the lights in the night. The first work on cities seen from above, *La pista degli angeli* (2000), was about Castel Sant'Angelo in Rome, the mausoleum built by the Emperor Hadrian: its plan is a star design that contains a pentagon that contains a square that contains a circle. Geometries enclosed one inside the other: I wanted to create

a sort of landing strip for someone looking down from above, from a non-human vantage point, not subject to terrestrial gravity.
Next, to make *Firenze, stelle di terra* (2000), I used a helicopter to fly over the city. I had an idea of the map of Florence, but when you fly in a helicopter you can never reach a sufficient altitude. I wanted to find the geometry of the city, but at night the public illumination covered everything. I wanted an "ideal" vantage point: in an airplane, with a passing vision, I couldn't achieve this, but in a helicopter I wouldn't be able to have the rotation, a vantage point that wasn't connected to the laws of gravity and perspective. So in the end I worked with military photographs, which are the only ones with a geometric mapping free of perspective distortion.
Then I projected the video in Piazza della Repubblica, as a kind of gift for a city that has been so fully consumed by images for tourists. I offered an absolutely unusual image of the city, letting it look at itself in a different way: from above. Passers-by in Piazza della Repubblica, a very busy square, stopped to watch, and each person pointed, trying to find his or her own space, their house, their neighborhood, their routes inside the view of the city from above.
So many spaces, so many places had been designed by artists, and it is surprising to see to what extent, in Italy, artists have influenced the construction of cities like Rome or Florence.

H.U.O.: *What you say immediately makes me thing of a work I feel is extraordinary by Marisa Merz, one I believe dates back to the 1960s, perhaps the end of the '60s; just as you rented a helicopter, Marisa chartered a plane, and flew in a diagonal line over Rome. On the ground Mario Merz was in contact with her via walkie-talkie, and drew the line Marisa was making. Marvelous, isn't it? In the 1960s Italy was studded with extraordinary artists; does that period represent a moment of influence for you? Or, in any case, what is your relationship to these artists?*

G.T.: I love their works and respect them very much. It is always a joy to rediscover them; each encounter brings something new. Undoubtedly these artists have influenced my way of working greatly, I have tried to always follow their example and their level of quality, as if they were watching me. In Italy art has a very ancient history, and antique art is also contemporary, because it exists and is re-experienced and transformed every day by what is around it in the cities, the piazzas, the landscape. When I imagine my projections on a wall I always try to recall the frescoes of Giotto in Padua and Assisi... and I try to meet that standard... another artist I love very much is Lucio Fontana.

H.U.O.: *What exactly interests you so much in Fontana? This is a pleasant surprise, because you never told me that before...*

G.T.: Lucio Fontana interests me above all for the relationship with the crossing of space, the attempt to go beyond it, to negate it and, at the same time, to play with its dimensions and its laws, the gesture of passing from the surface to the depths. The very small drawings by Fontana and his little theaters are an endless source of contemplation for me. The other part that fascinates me, and at the same time moves me, is his "Television Manifesto," so charged, back then, with enthusiasm for this marvelous medium, which over time has not developed in the poetic, utopian direction he imagined… so sometimes I play at seeing his little theaters as television frames.

H.U.O.: *Have you ever thought about projecting these images in a rounded form rather than a squared one?*

G.T.: No, because in any case my work still has a close relation to the television image. For me it is important that the format remain that of television, not becoming a square or a circle.
But at Teatro La Fenice in Venice I found myself in such an enveloping space that I wanted to enclose its whole image in a circle that rotates, completing the ring of the theater's self-embrace.
I like very much the idea of projection, the fact that the work physically exists on a tape or a disk, but then appears elsewhere as a projection of immaterial, weightless light that illuminates and transforms, with its tones and vibrations of light, the entire space around it, while maintaining the discretion and the magic of vanishing at the push of a button. Just light, energy, that appears and disappears.

Antologia / Anthology
1996 - 2003

Marcella Beccaria

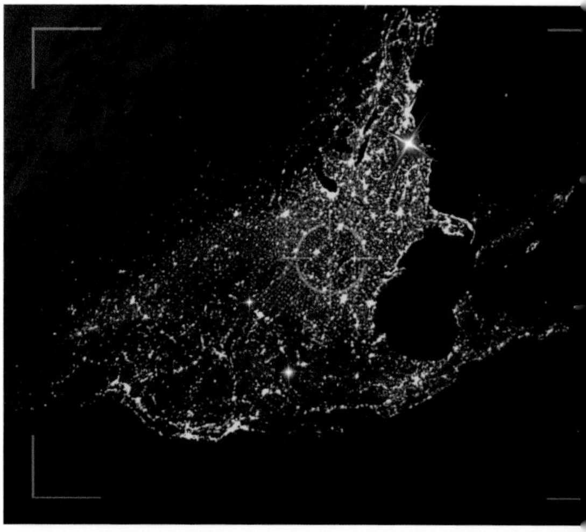

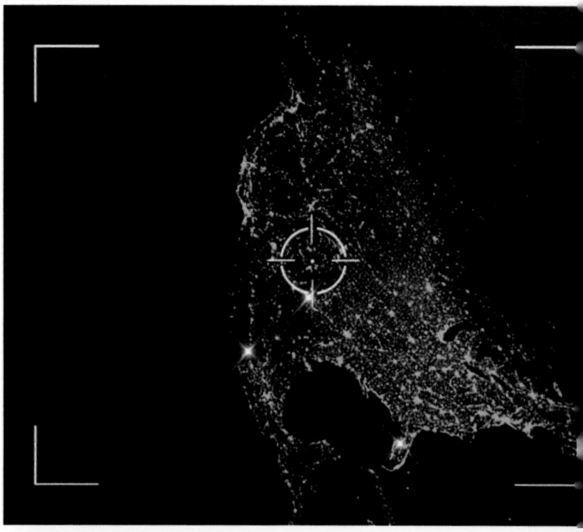

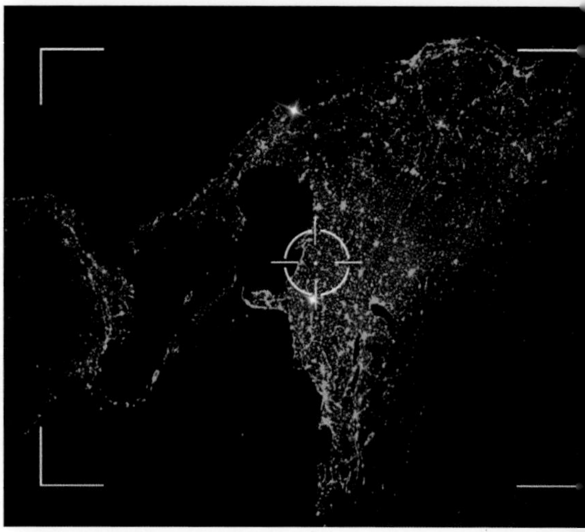

Empire, 2002

L'artista ha volto il proprio sguardo agli Stati Uniti, scegliendoli quale luogo privilegiato della spettacolarizzazione. "Mi interessa – ha detto Toderi – [...] vedere ed elaborare proporzioni, forme e ritmi di luoghi e giochi a me sconosciuti (ad esempio il triangolo del baseball è diverso dalla geometria del rettangolo del calcio), trovare e provare differenze e somiglianze, mantenendo lo sguardo di chi arriva da altrove e guarda la magia del gioco di un gruppo a cui non appartiene". [...]
Eventi sportivi, concerti, spazi di gioco [...] hanno segnato la memoria collettiva, formando un'immagine dell'America cara ai suoi abitanti ed esportata con successo all'estero. Attingendo a memorie di archivio, inclusi documenti televisivi, fotografici e racconti di persone incontrate sul luogo, Grazia Toderi ha approfondito la storia degli eventi che hanno dato forma a un modello dove lo spettacolo e il gioco rappresentano importanti espressioni di cultura, diventando a loro volta strumenti di potere e di affermazione in campo internazionale.
Empire [...] è la prima della nuova serie di opere che nascono dalle ricerche intraprese. Nella proiezione di sinistra l'immagine è quella del continente nordamericano, visto come luogo distante, estraneo e famigliare al tempo stesso. Partendo da un'immagine scattata da un satellite, l'artista ha elaborato digitalmente una serie di dati, trasformando la silouette geografica in un territorio attraversato da

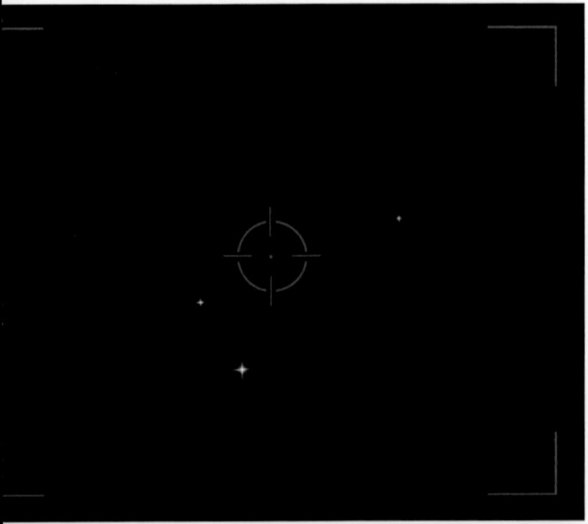

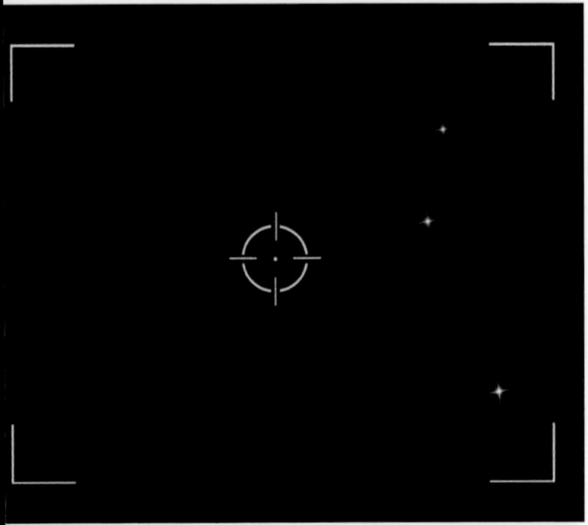

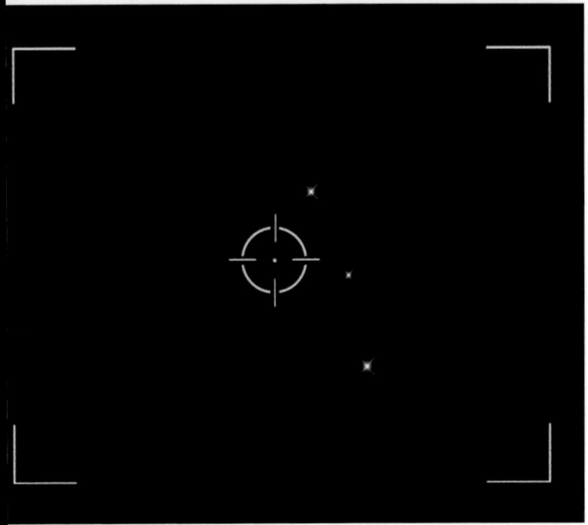

un'intesa attività. Come osserva l'artista "visti da un satellite, gli Stati Uniti sono disegnati nella notte dalle luci della città e delle strade. Un'immagine che nessuno di noi ha visto nella realtà. Emissioni di flash luminosi si riflettono nel campo nero dell'immagine di destra, come in un rispecchiamento tra terra e cielo. A ogni azione corrisponde una reazione. Su entrambe le immagini è disegnato un obiettivo, un tentativo, anche se vano, di mantenere un centro unicamente relativo all'immagine".
Il titolo dell'opera riprende il noto film di Warhol, caratterizzato da una ripresa fissa di otto ore dell'Empire State Building di New York, proponendo [...] un'estrema dilatazione temporale dell'immagine proiettata, secondo una tipologia che Toderi ha approfondito e reso caratteristica imprescindibile della propria poetica. In dialogo con il film di Warhol, l'opera di Toderi nasce dall'ipotesi di riprendere un grattacielo, emblema della terra americana, allontanando progressivamente il proprio punto di vista fino a non potere più distinguere l'immagine. Metaforica immagine di avvicinamento a un territorio da esplorare, *Empire* manifesta, anche dal punto di vista formale, il più recente indirizzo delle ricerche dell'artista. La saturazione visiva, l'incessante spettacolo che solo l'America sa sempre dare di se stessa, ha portato infatti Toderi a "raffreddare" intenzionalmente il proprio repertorio visivo, intraprendendo un nuovo percorso dove l'immagine è presentata ai limiti dell'astrazione, esponendo le nascoste geometrie che scandiscono le regole dello spettacolo.

In *Empire*, testo presentato da Marcella Beccaria in occasione del conferimento della "Borsa per Giovani Artisti" da parte degli Amici Sostenitori del Castello di Rivoli, edizione 2001.

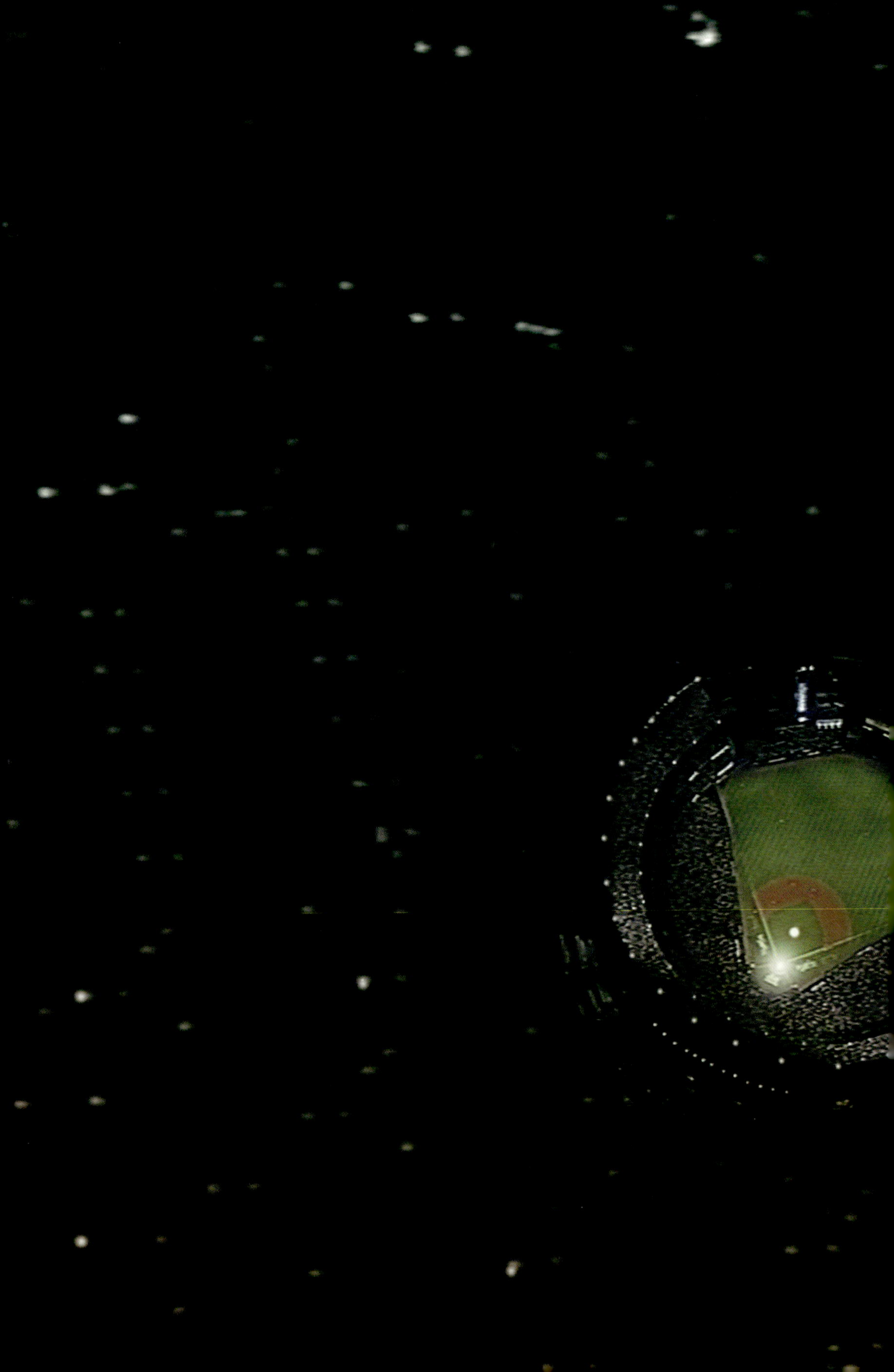

Marcella Beccaria

The artist has turned her attention to the United States, choosing it as the privileged site of spectacularity. "I am interested," Toderi has said "[...] in seeing and developing proportions, forms and rhythms of places and games unknown to me (for example a baseball diamond is different from the geometry of a soccer rectangle), in finding and testing differences and similarities, maintaining the glance of an outsider, who looks at the magic of the game of a group to which she does not belong."

[...] Sports events, concerts and entertainment destinations [...] have made their mark on the collective memory. They have formed an image of America held dear to its inhabitants and exported successfully abroad. Drawing upon archival memories, including television and photographic documents and stories told by people she has encountered in these places, Grazia Toderi has delved into the history of the events that have given form to a model where performance and play represent important expressions of culture. These in turn become tools of power and affirmation on an international level.

Empire [...] is Toderi's first in the new series of works that have emerged from this research. The projection on the left shows the image of the North American continent, seen as a distant place, simultaneously extraneous and familiar. Beginning with a satellite image, digitally elaborated by the

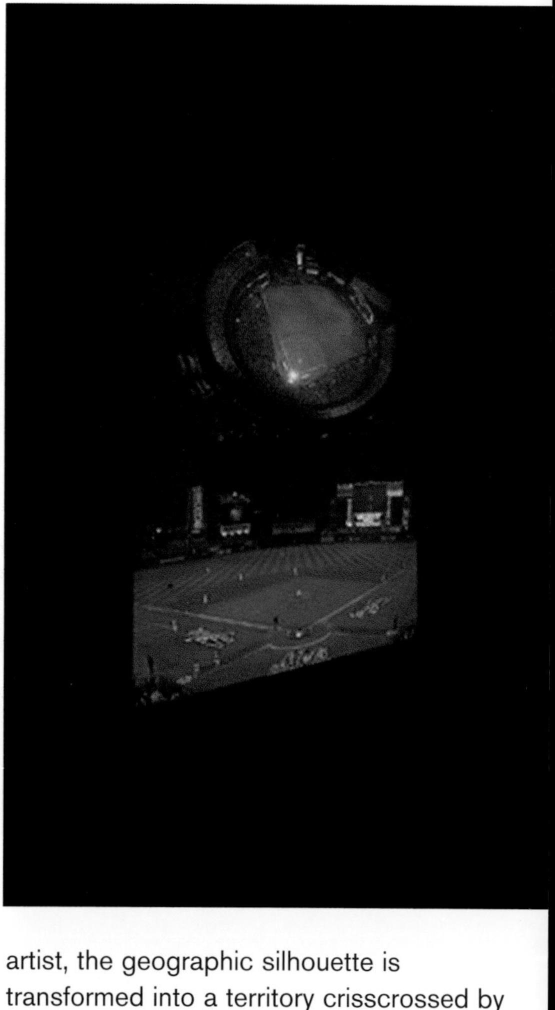

artist, the geographic silhouette is transformed into a territory crisscrossed by intense activity. As Toderi has observed, "Seen from a satellite, the United States is delineated in the night by the lights of cities and streets. An image that none of us has seen in reality. Emissions of luminous flashes are reflected in the black field of the image on the right, as if in a mirroring between earth

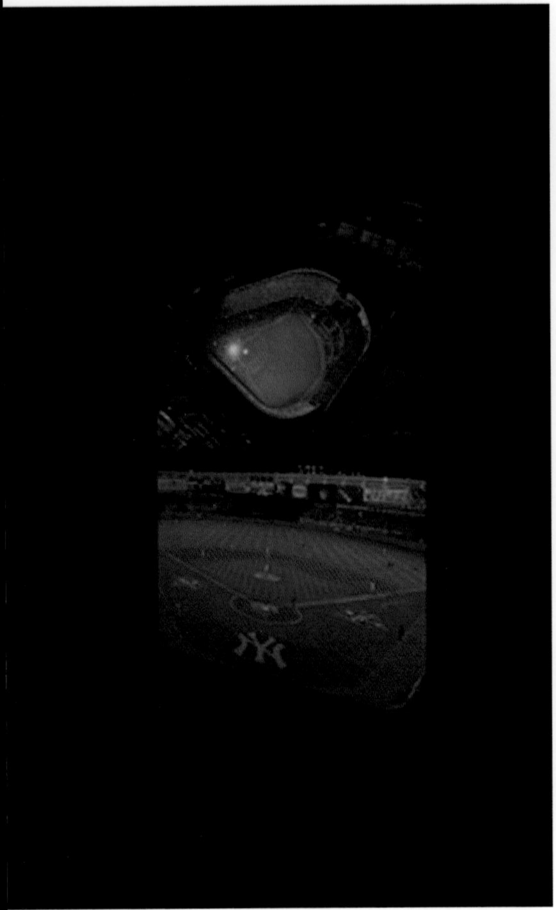

Subway Series, 2001

pp. 78-79
Diamante (Diamond), 2001

and sky. Every action corresponds to a reaction. With both images, there is a goal, an attempt, even if futile, to maintain a center related solely to the image."
The title of the work recapitulates Warhol's famous film, characterized by an eight-hour static shot of the Empire State Building in New York, proposing [...] an extreme temporal expansion of the projected image. This is a typology that Toderi has investigated in depth and has made inexorably characteristic of her own poetics. In dialogue with Warhol's film, Toderi's work stems from the hypothesis of filming a skyscraper, emblem of the American land, but progressively distancing her viewpoint, until one can no longer distinguish the image.
Empire is a metaphorical image of approaching a territory to be explored, and, formally as well as otherwise, it manifests the artist's most recent line of research. The visual saturation, the incessant spectacle that only America always can make of itself, has led Toderi to intentionally "cool" her visual repertory, setting out in a new direction, where the image is presented at the limits of abstraction, exposing the hidden geometries that articulate the rules of performance.

From "Empire," a text presented by Marcella Beccaria on the occasion of the "Young Artist Fellowship" award, given by the Friends of the Castello di Rivoli, edition 2001.

Super Tuesday, 2001

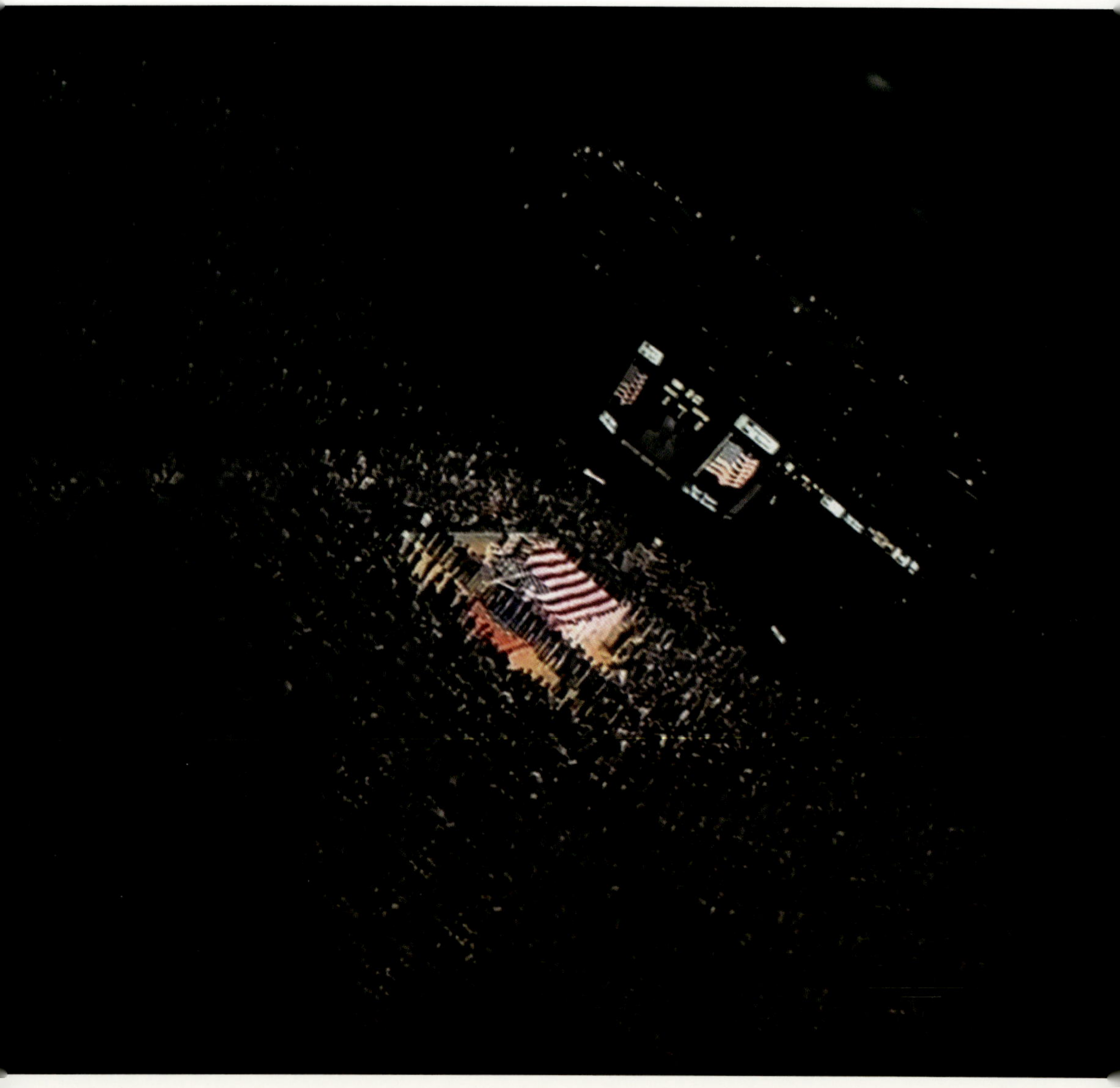

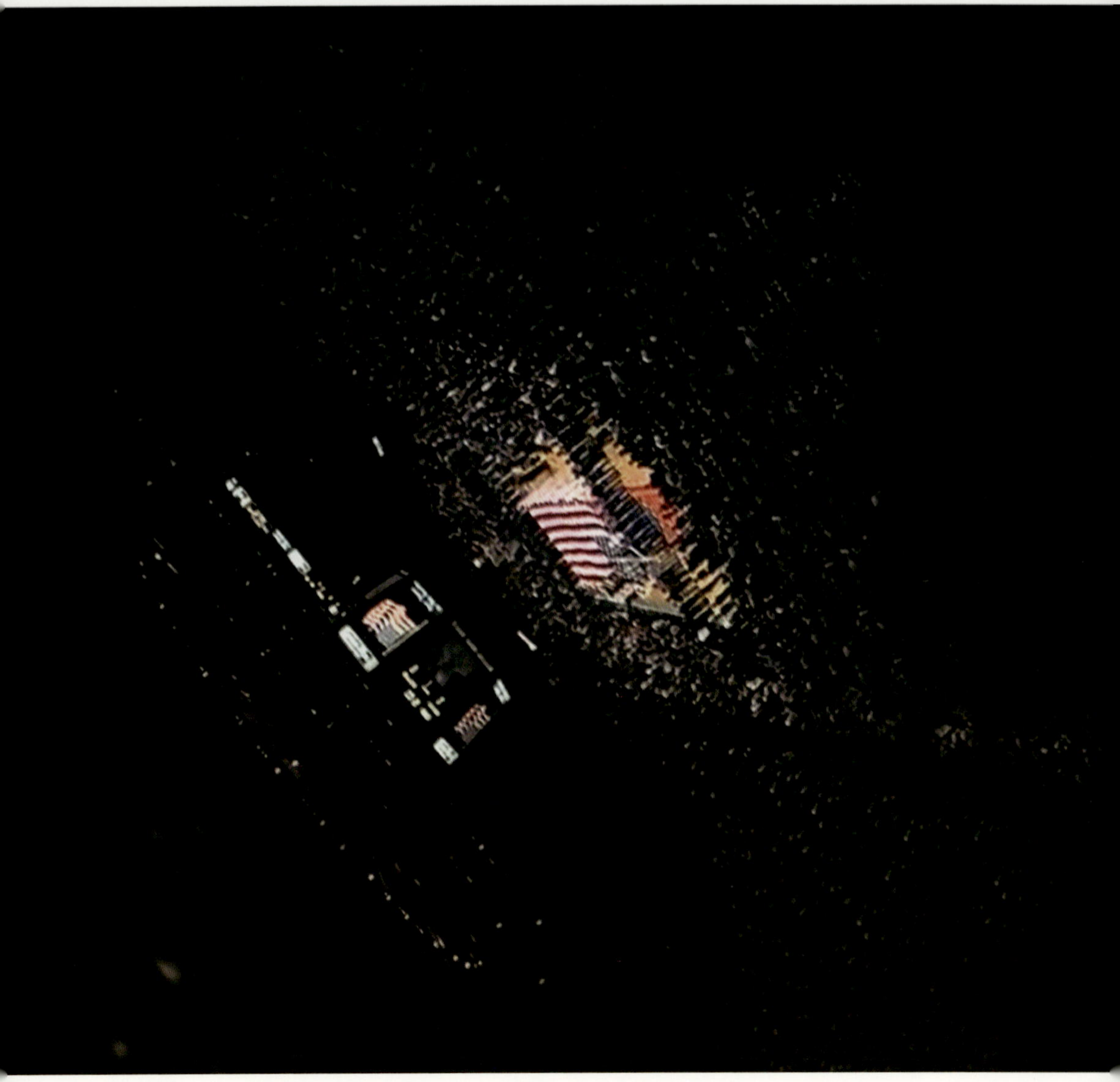

Laura Cherubini

"Nel 1637 ho voluto portare il teatro nel teatro... All'aprirsi del sipario, si vedeva sul palcoscenico una platea in parte vera e in parte dipinta che rispecchiava quasi il pubblico presente a teatro. Due *Covielli* (impersonati da me e da mio fratello Luigi) disegnavano, uno rivolto al pubblico finto e uno al vero. Si scambiavano accuse di maleducazione perché voltavano le spalle al pubblico. Si concluse di calare un siparietto perché ognuno potesse recitare per il proprio pubblico. Mentre io recitavo rivolto al pubblico vero, si sentivano finti scoppi di risa dall'altra parte del sipario, facendo immaginare la recita contemporanea di un'altra commedia. Poi cadde un velario e la platea poté assistere, quando si risollevò, allo spettacolo dei nobili con carrozze e staffieri all'uscita del teatro finto. Ho portato sul palcoscenico la luna di otto giorni e un numero infinito di stelle fisse; poi ho ottenebrato quello spettacolo celeste con una fuga di nuvole".

Maurizio Fagiolo dell'Arco, in *L'immagine al potere. Vita di Giovan Lorenzo Bernini*, Editori Laterza, Roma-Bari, 2001.

pp. 84-87
Random, 2001

Grazia Toderi, che lavora da tempo sull'immaginario sportivo a partire dall'edificio dello stadio (*Il decollo*) trasformato in astronave, risale poi

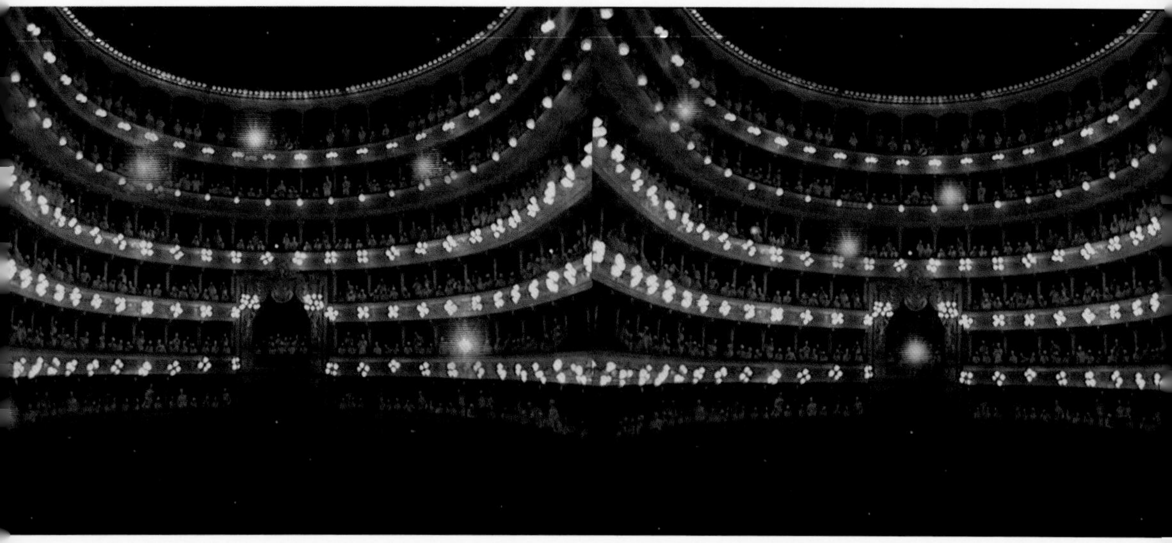

alla matrice formale, antenata di quel tempio dello sport, l'arena (ad esempio l'Arena di Verona), in un ritorno alle origini, al luogo del cimento e della sua esibizione. Non è un caso che proprio quell'arena sia diventata ora il tempio della musica lirica e dei concerti in genere. Non è un caso che Grazia Toderi abbia dedicato un lavoro a una star dell'universo musicale come Jimmy Hendrix. Ma non è un caso che in precedenza un'altra opera fosse stata ispirata dal presidente Kennedy (*Sogni d'oro*, 1998). L'arena è il luogo deputato allo spettacolo, ma anche lo spazio dove il potere politico si mostra. In un forte contrasto di luci e ombre Grazia Toderi disegna per l'arena un'orbita ellittica, una corona stellare e le imprime un movimento di rotazione. L'effetto sonoro è costituito dallo scroscio di un applauso, che sfuma fino al silenzio per poi riprendere, mentre l'anfiteatro continua a fluttuare e a capovolgersi.
[...] Nella circolare cavità del Teatro Massimo di Palermo la candida folla di osservatori ha sostituito al binocolo la macchina fotografica che emette flash luminosi. Vera protagonista è la luce, mentre assistiamo a una improvvisa accensione di stelle, al manifestarsi di un fenomeno atmosferico. Una luminosa epifania. Notevoli sono infatti le analogie con *Eclissi*, anche la macchina fotografica è una estensione, uno sviluppo del binocolo. Ma dei bianchi personaggi, quasi ectoplasmi, fantasmi dell'opera, resta soprattutto l'aura, il bagliore che da essi emana, il nimbo luminescente che li circonda a ogni flash e che non è molto dissimile dalla mandorla di luce entro la quale giunge nella città-giardino la Buona Fata del Nord ne *Il Mago di Oz* (questo atmosferico lucore era anche l'immagine su cui si chiudeva *Ragazzi caduti dal cielo*, il lavoro dedicato da Toderi al film).
Come gemme incastonate negli alveoli del teatro, gli spettatori brillano di luce propria, simili non solo [...] a libri in una biblioteca, ma a fiori in un giardino. Come il bicchiere che protegge il fiore e raccoglie, in una

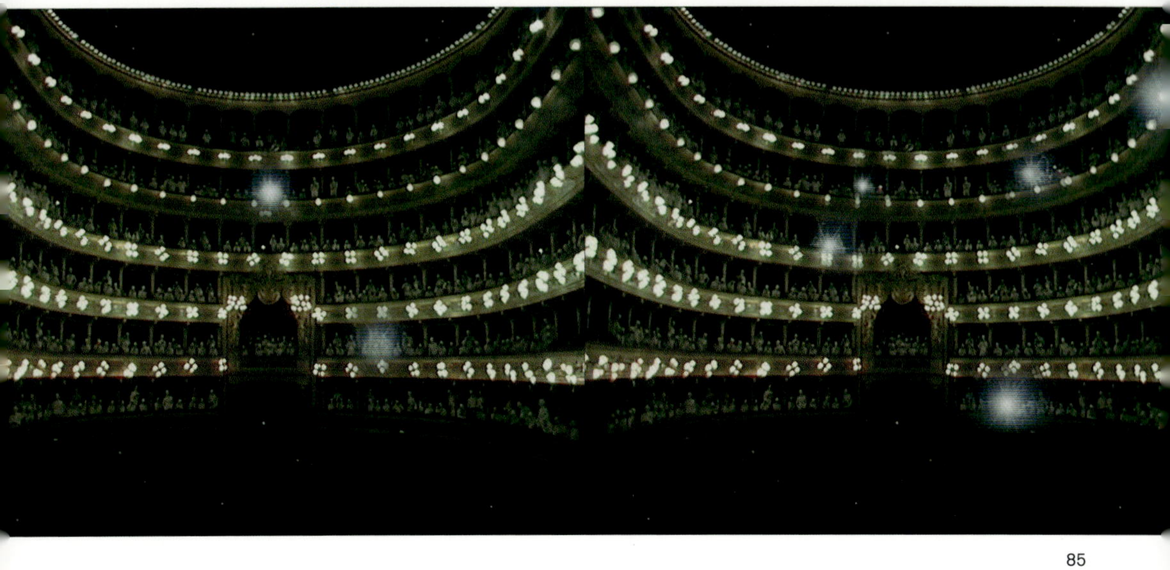

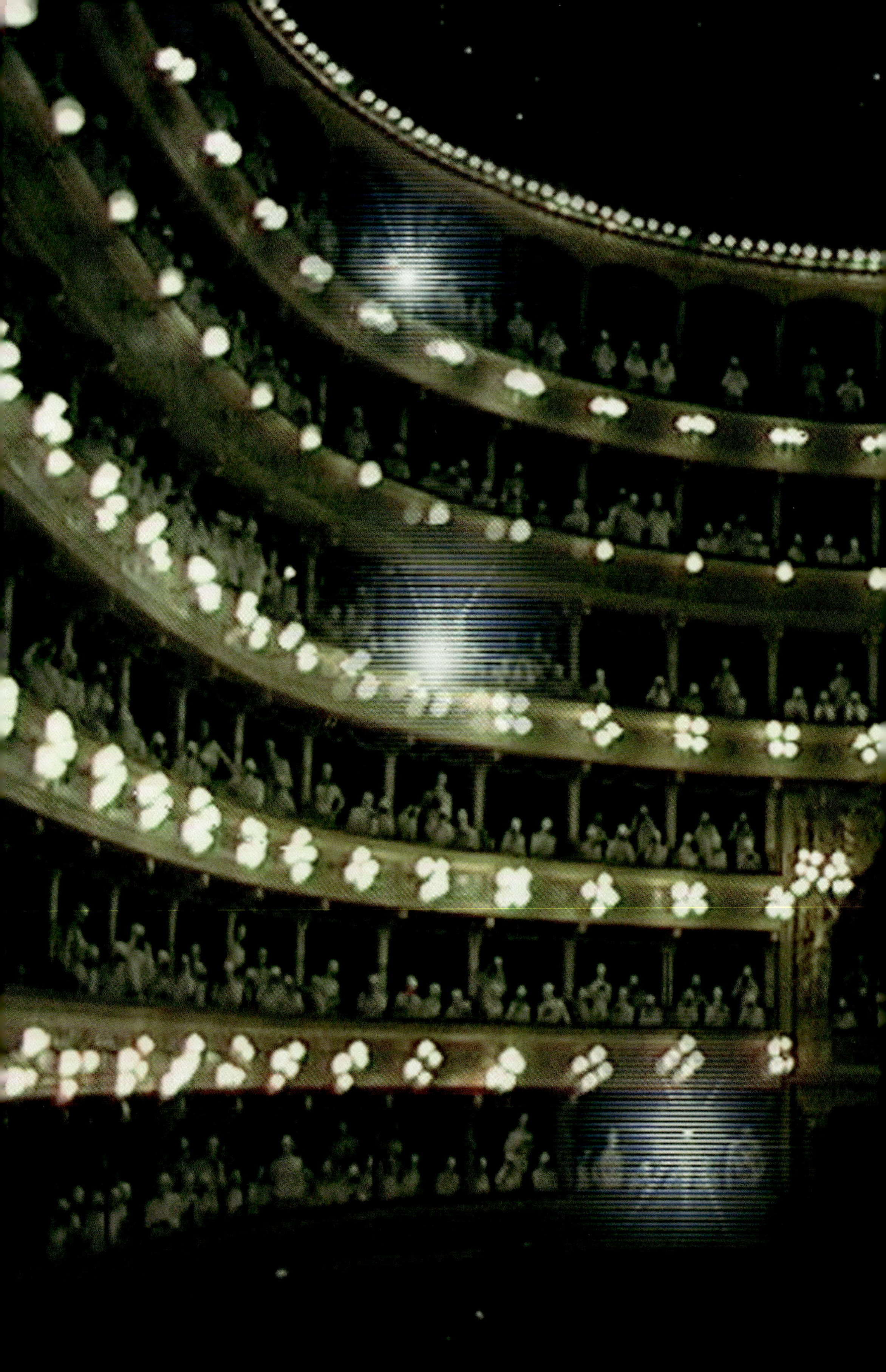

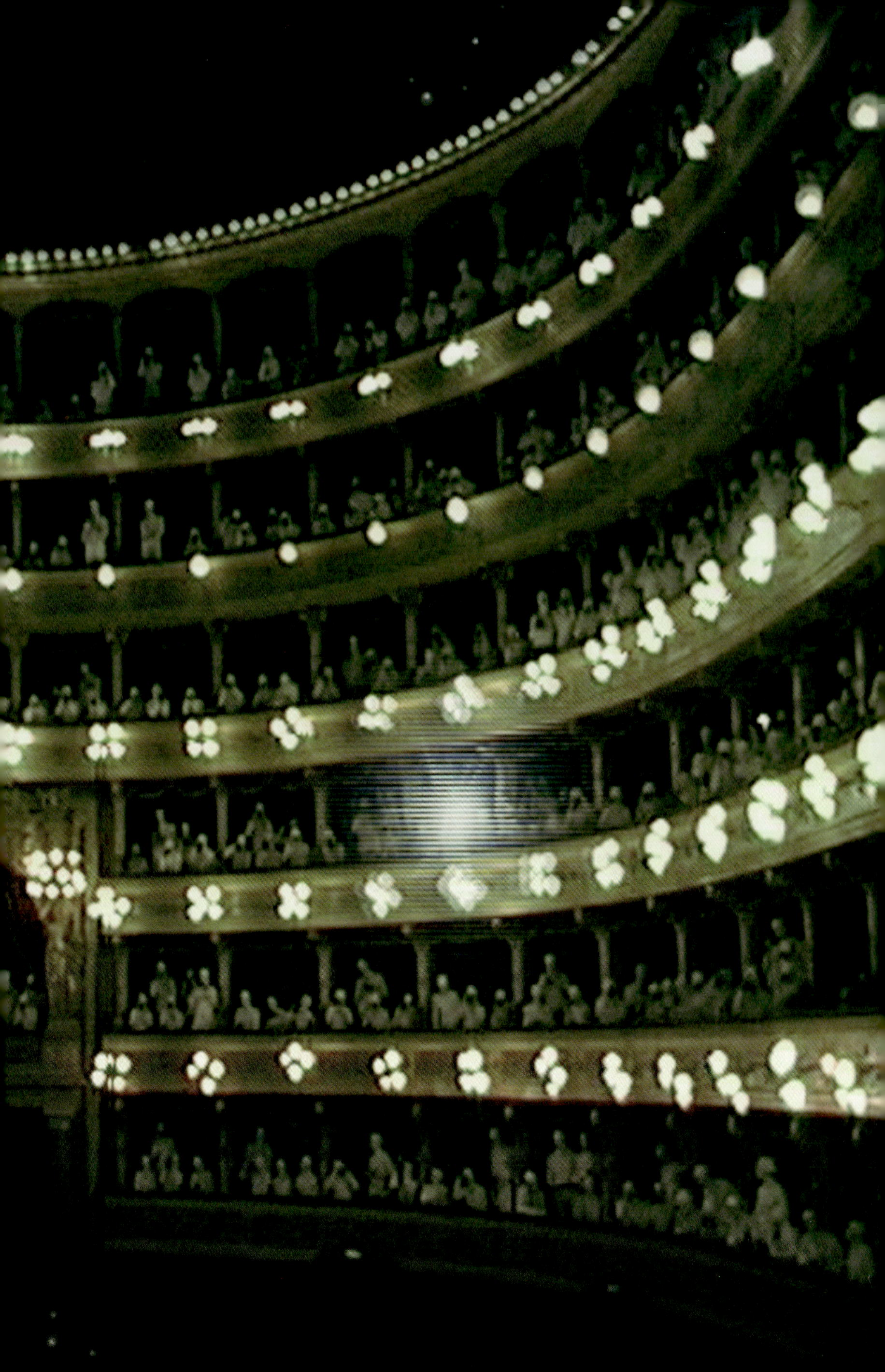

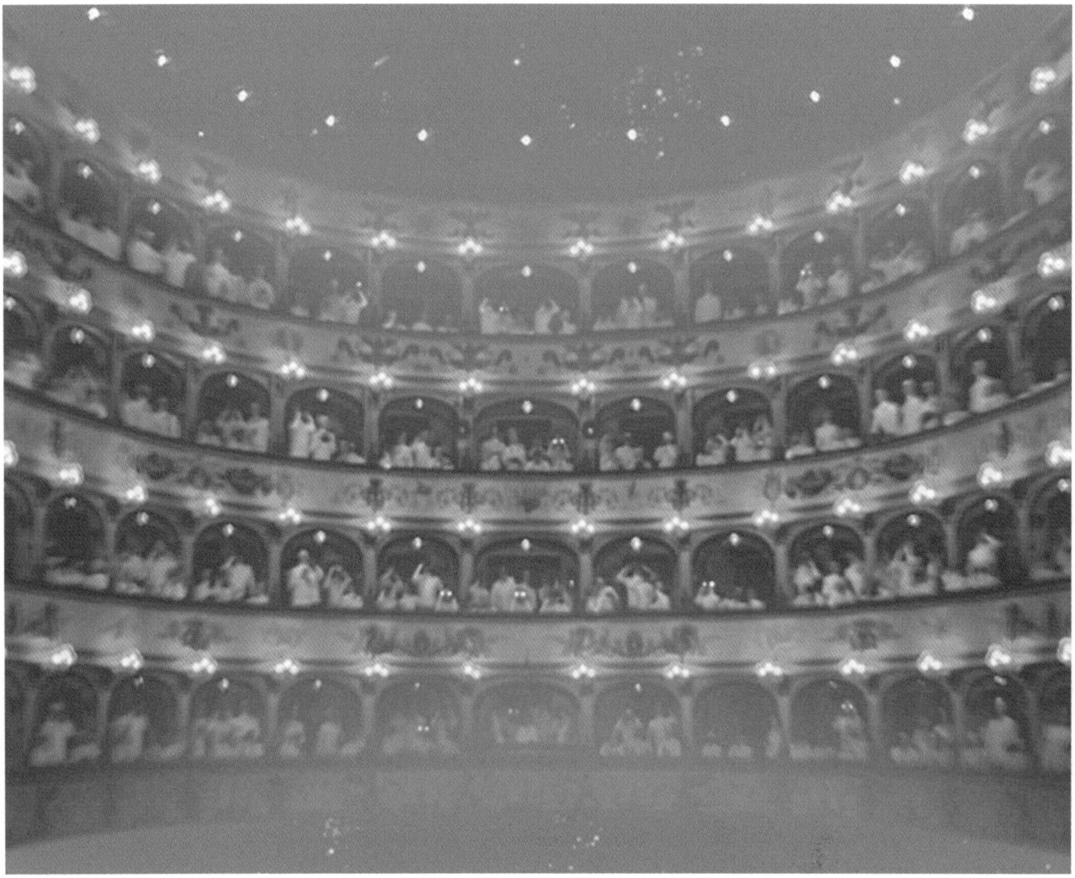

Eclissi (Eclipses), 1999

campana di vetro, gli aliti e i vapori umorosi della terra (*C'era in lei qualcosa della fata...*), come gli altri microcosmi dell'opera di Grazia Toderi, il teatro e il giardino (l'Eden latente, sotteso a tutti i suoi lavori) sono recinti felici, spazi che trovano, nella loro condizione di separatezza, appagamento al proprio desiderio [...]. Al Teatro Massimo ogni palco è una costellazione e ogni flash è una delle stelle che ne compone il disegno. Un disegno nascosto, nato da una legge segreta, che l'astrologia individuerebbe nell'analogia, presiede infatti all'identificazione delle costellazioni. Come una sorta di parola d'ordine, *Random* innesca una serie di reazioni a catena. Improvvisi e imprevedibili lampi di luce si accendono nella sala in penombra e si inseguono nelle piccole celle oscure. Il teatro è un cielo stellato, l'immagine della volta celeste dove forse siamo già proiettati. Se ascendessimo ai cieli forati o tra i petali (come effettivamente vengono chiamati gli spicchi dipinti alla sommità di questo che si configura così come un teatro-fiore) della grande cupola, forse saremmo già veramente in paradiso [...] .

Laura Cherubini, in *Grazia Toderi. Audience*, Galleria Gio' Marconi, Milano, 2001

Laura Cherubini

> "In 1637 I wanted to bring theater to the theater... When the curtain opened, the stage revealed an audience, partly real and partly painted, that almost mirrored the audience present in the theater.
> Two Coviellis (played by me and my brother Luigi) were drawing, one facing the fake audience and one the real audience. They accused each other of rudeness because they had their backs to the audience, and decided to lower a small curtain so that each could act for his own audience. While I acted facing the real audience, fake bursts of laughter were heard from the other side of the curtain, making my audience imagine the contemporaneous presentation of another play. Then another curtain fell, and when it rose again, the audience could watch the spectacle of the nobility with their carriages and footmen at the exit of the fake theater.
> I brought the eighth-day moon and an infinite number of fixed stars to the stage; then I obscured that celestial spectacle with a series of clouds"
>
> Maurizio Fagiolo dell'Arco, in *L'immagine al potere. Vita di Giovan Lorenzo Bernini*, Editori Laterza, Rome-Bari, 2001.

Grazia Toderi has long explored the imagery of sport, beginning with the stadium transformed into spaceship (*Il decollo* [The Takeoff], 1998). She then returned to the formal matrix, ancestor of that temple of sport, the arena (for example, the Arena of Verona), in a return to origins, to the place of contest and its exhibition (*Arena*, 2000). It is not by chance that precisely this arena has now become the temple of lyric opera and concerts in general. It is not by chance that Grazia Toderi dedicated a work to a star of the musical universe like Jimmy Hendrix (*Stage*, 2000); it is not by chance that prior to that, another work had been inspired by President John F. Kennedy (*Sogni d'oro* [Sweet Dreams], 1998). The arena is the place dedicated to spectacle, but also the space where political power is displayed. In a strong contrast of lights and shadows Grazia Toderi designs an elliptical orbit, a stellar crown for the arena, and sets it in a rotating motion. The sonorous effect is constituted by the roar of applause, which fades to silence and then recommences, while the

amphitheater continues to fluctuate and overturn.
[...] In the circular cavity of the Massimo Theater in Palermo the pale crowd of observers has replaced binoculars with cameras that emit flashes of light (*Random*, 2001). As we watch a sudden ascension of stars, the manifestation of an atmospheric phenomenon, the true protagonist is the light. A luminous epiphany. The analogies with *Eclissi* are notable; even the camera is an extension, a development of the binoculars. But of the white characters, almost ectoplasms, phantoms of the opera, there remains above all the aura, the gleam that emanates from them, the luminescent nimbus that surrounds them with every flash and that is not very different from the mandorla of light within which the Good Witch of the North arrives at the city-garden in the *Wizard of Oz* (this atmospheric splendor was also the image with which *Ragazzi caduti dal cielo* [Kids Falling from the Sky], Toderi's 1998 work dedicated to the film, closed). Like gems set in the cells of the theater, the spectators shine with their own light and [...] are similar not only to books in a library, but also to flowers in a garden. Like the glass that protects the flower and gathers the breaths and vapors of the earth in a glass bell, (*C'era in lei qualcosa*

Stage, 2000

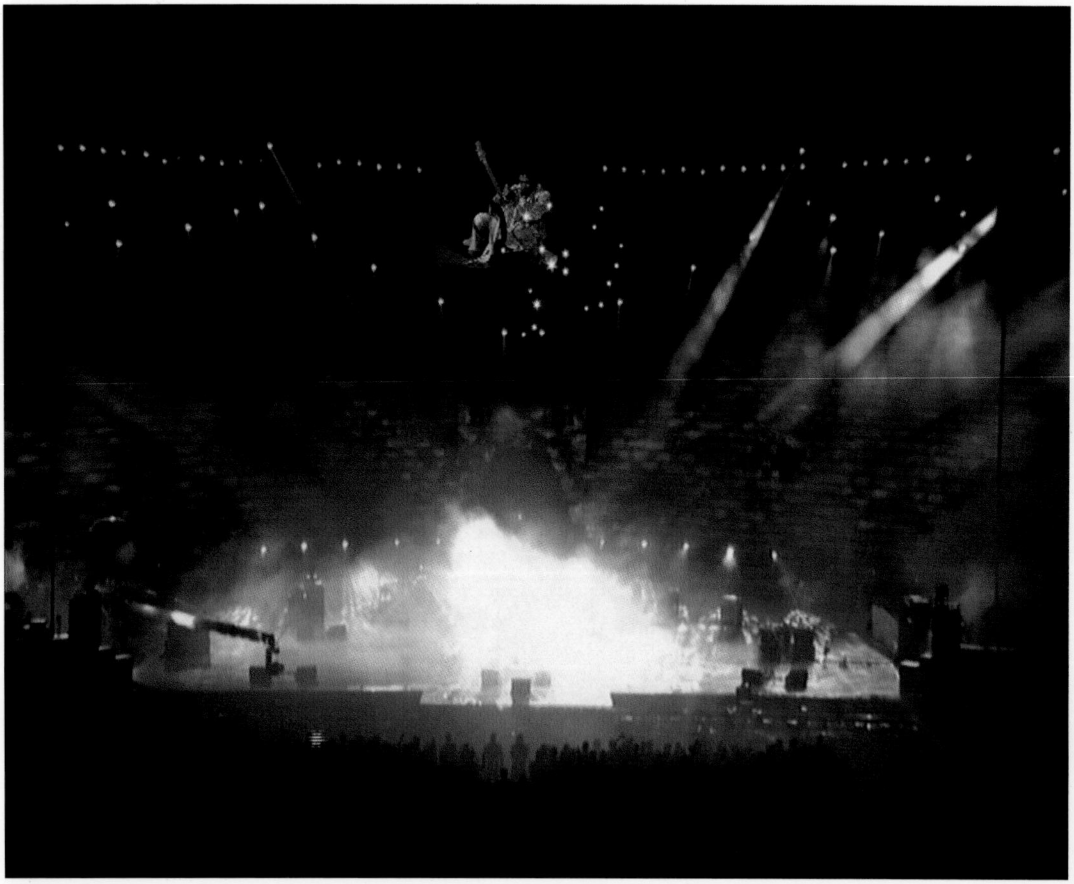

della fata... [There Was Something of the Fairy about Her...], 1994), like the other microcosms of Grazia Toderi's work, the theater and the garden (the latent Eden, underlying all her works) are happy enclosures, spaces that find fulfillment of desire [...]

At the Massimo Theater, every box is a constellation and every flash is one of the stars that compose its design. A hidden design, born of a secret law that astrology would individuate in analogy, in fact presides over the identification of the constellations. Like a sort of secret password, *Random* sets off a series of chain reactions. Sudden and unpredictable streaks of light flash in the shadowy hall and chase one another in the dark little cells. The theater is a starry sky, the image of the celestial dome where we are perhaps already projected. If we ascended to the pierced skies or among the petals (as the sections painted at the summit of this ceiling thus configured as a theater-flower are effectively called) of the grand cupola, perhaps we would already be truly in paradise [...]

Arena, 2000

pp. 92-93
Planeta, 2001

Laura Cherubini, in *Grazia Toderi. Audience*, Galleria Gio' Marconi, Milan, 2001.

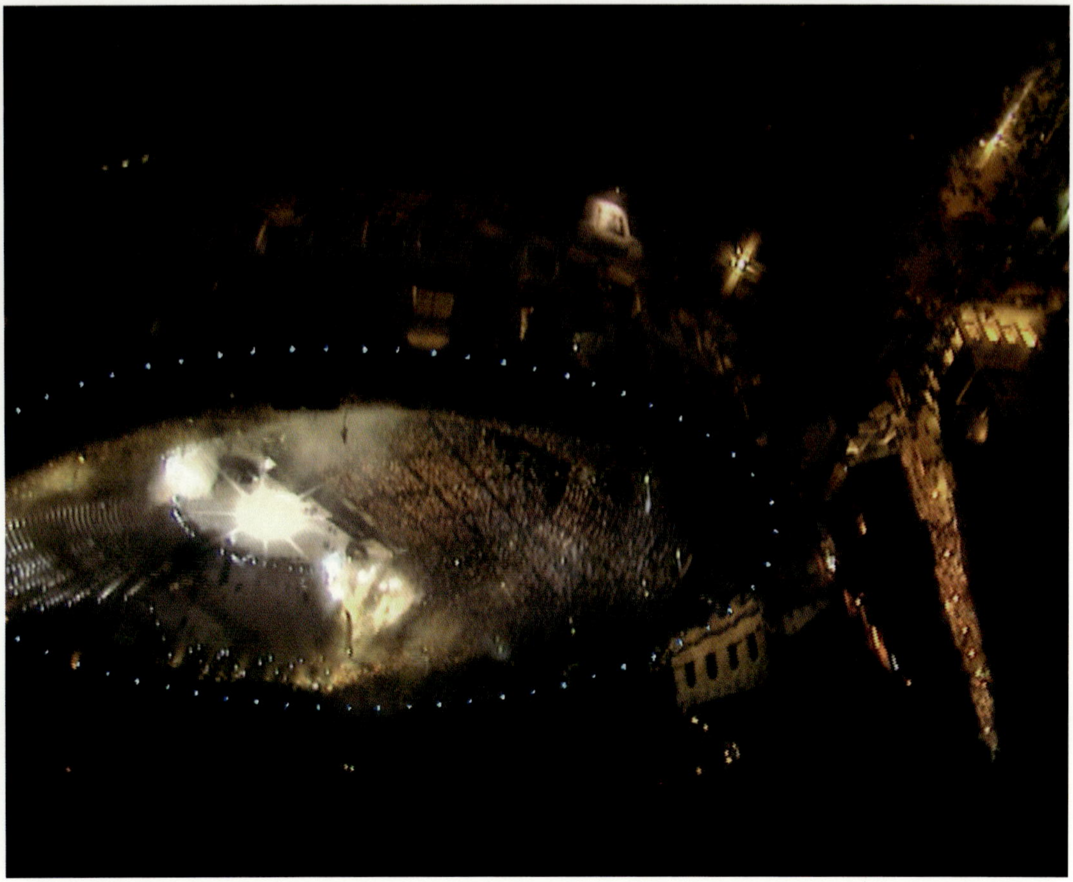

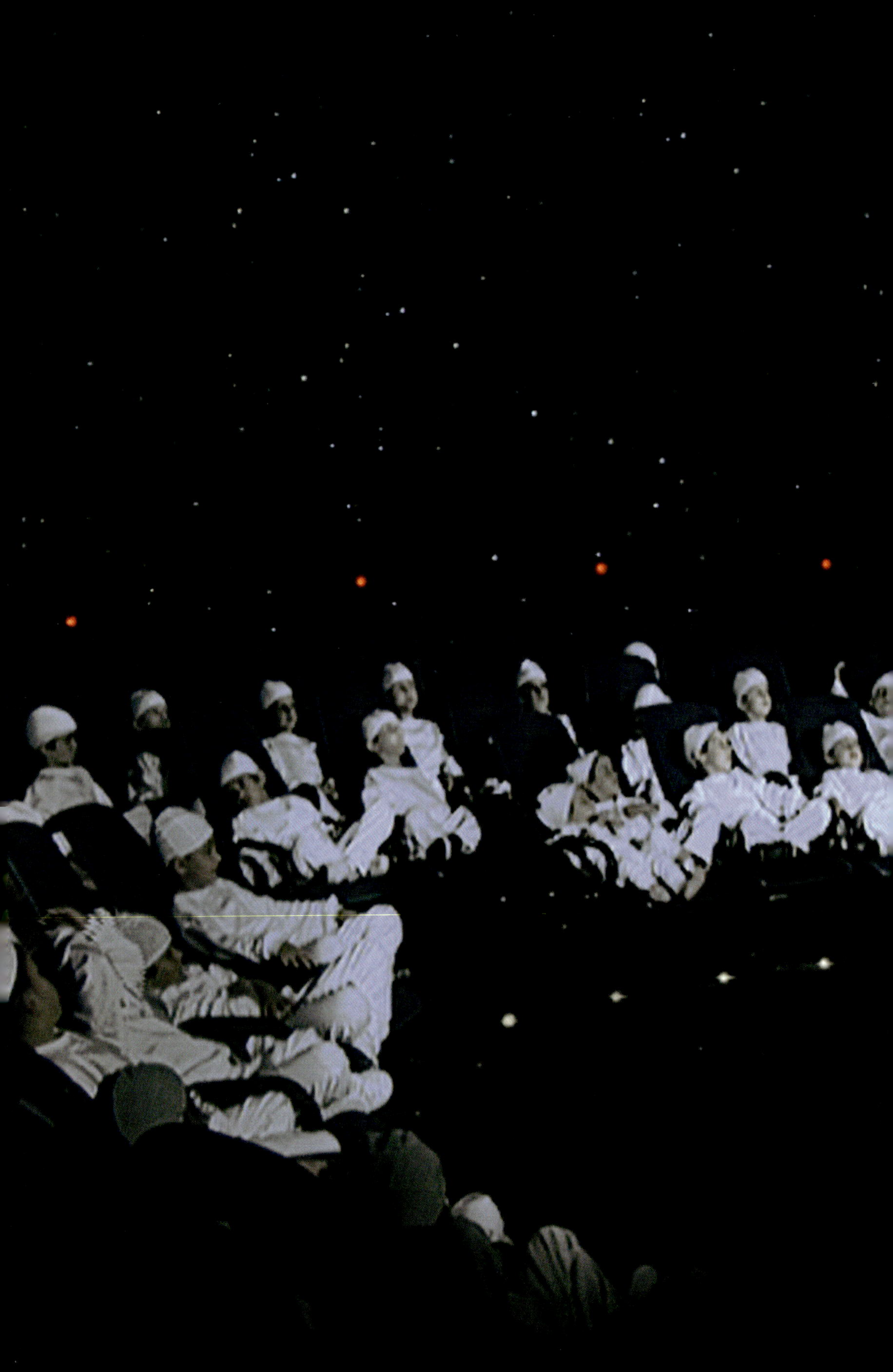

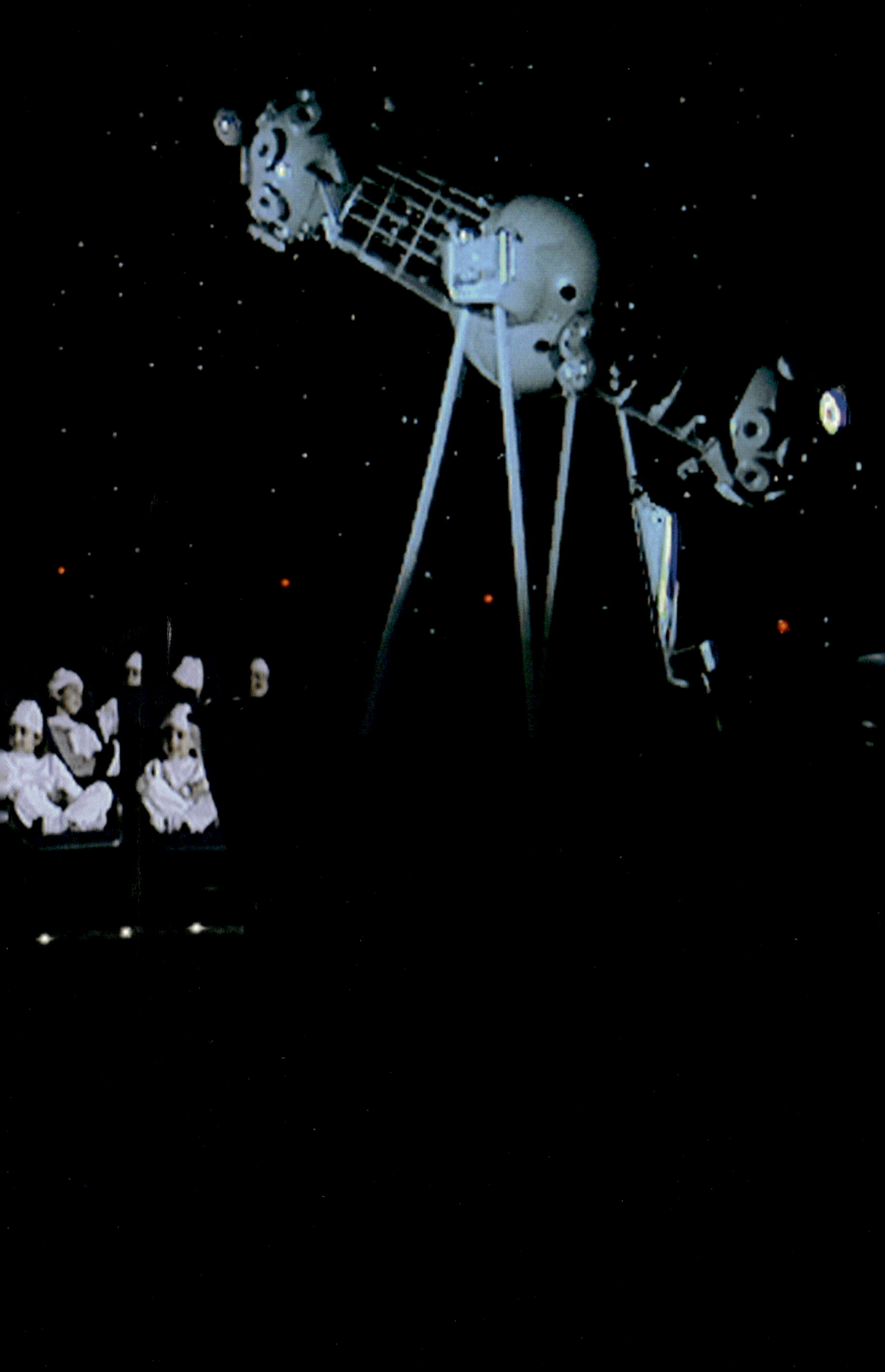

Ester Coen

Ester Coen: In che modo usi il video?
Grazia Toderi: Immagino il video come un affresco fatto di emanazione di luce, non potendo dimenticare quelli meravigliosi di Assisi o di Padova, e sono affascinata dalla sua cangiante ma impalpabile materia, e dal fatto che non sia un oggetto e non abbia peso (e che abbia anche la discrezione di poter svanire se spento).

E.C.: [...] un mezzo che ti permette di comunicare visioni o immagini altrimenti non percepibili ...
G.T.: [...] cerco di sottolineare soprattutto un tempo differente e infinito come quello della pittura, e un punto di vista spesso irraggiungibile o non percepibile altrimenti dall'occhio umano. Da alcuni anni lavoro sulla visione dall'alto. *Mirabilia Urbis*, ad esempio, è un grande paesaggio contemporaneo di Roma, un paesaggio di visioni aeree e notturne. Mi commuove sempre vedere da un aereo, di notte, lo scintillare di una città che stai lasciando o nella quale arrivi [...] un passaggio fugace come l'attraversamento di una soglia. Ho voluto prolungare questo momento, fermare lo sguardo dall'alto, rallentarlo. Creare piste luminose e giocare con le geometrie della città stessa o con quelle geometrie perfette che compongono i suoi edifici, Castel Sant'Angelo, ad esempio [...], la sua straordinaria concezione planimetrica – una stella, che racchiude un pentagono, che racchiude un quadrato, che racchiude un cerchio [...]. Ho immaginato le apparizioni dell'angelo, e che dall'alto qualcuno potesse ancora accogliere l'invito a scendere [...]. Possiamo ancora creare tanta bellezza?
Una volta le città erano costruite su un rapporto di armonia tra cielo e terra, città cosmologiche che si autorappresentavano come ordini celesti spesso altamente spirituali.
Mi interessa coniugare l'esperienza intima e soggettiva con quella storica e collettiva, lo sguardo solitario dal cielo con la grande energia della folla sulla terra. Guardare a uno stadio dall'alto mi fa ripensare, complicandolo, al concetto di democrazia... genera un senso di appartenenza e di estraneità allo stesso tempo. È meraviglioso ad esempio che migliaia di persone desiderino stare insieme, chiuse in uno spazio, e accettino spontaneamente le regole in fondo metafisiche del gioco, il cui soggetto fondante sono le traiettorie di una piccola palla. C'è in questo qualcosa di ideale e utopico. Ma a volte invece la

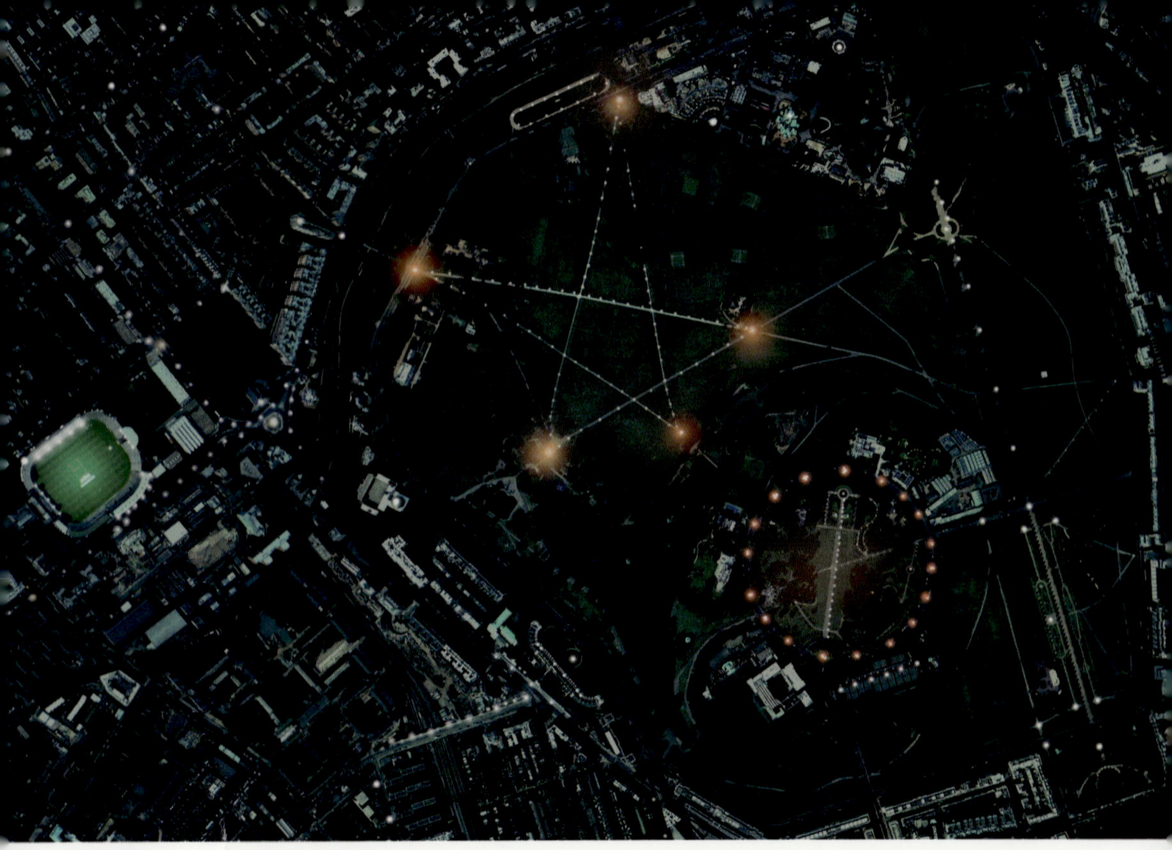

London, 2001

realtà degli stadi si trasforma in antagonismo violento, o controllo di massa, allora dove inizia e dove finisce la democrazia del pubblico?

E.C.: Quando parli di "bellezza", il senso che si coglie è quello di una qualità estetica... attribuisci a questo termine un significato diverso?
G.T.: Credo anche che estetica ed etica siano inscindibili, quindi che la bellezza non possa essere solo un fatto formale, che anche quando si parla di autonomia dell'arte s'intenda comunque una presa di posizione molto radicale nei confronti dell'esistenza.

E.C.: Qual è per te il potere che ha ancora l'arte?
G.T.: Innanzitutto credo sia da sempre una necessità intrinseca a tutti gli uomini, di qualsiasi luogo o ceto sociale, quindi l'arte ha un grandissimo potere, che spesso si preferisce minimizzare o deviare altrove, a volte [...] addirittura distruggere. Non so cosa sia la realtà e nemmeno cosa sia la concretezza delle cose, me lo chiedo ogni giorno, e nel mio lavoro cerco di sottolineare questa incertezza. Una palla è una palla, ma è anche un sistema di forze gravitazionali, un simbolo, un oggetto, un nome, un gioco, un ricordo [...], allora mi chiedo se la mia idea di "realtà" è uguale a quella degli altri, e mi accorgo che non lo è. E per me questo è il bello della vita, e ancor più dell'arte. Se si potesse fare in modo che la realtà fosse quella dell'arte la nostra esistenza migliorerebbe moltissimo [...].

Ester Coen, in *I video? Affreschi che emanano luce*, "la Repubblica", Roma, 26 novembre 2001.

Mirabilia Urbis, 2001

Ester Coen

Ester Coen: In what way do you use video?
Grazia Toderi: I imagine video as a fresco made of light emanation, as I cannot forget the marvelous ones at Assisi or Padua, and I am fascinated by video's changing but impalpable material, the fact that it is not an object, it has no weight (and also has the discretion to disappear if you turn it off).

E.C.: [...] a medium that permits you to communicate visions or images that would otherwise not be perceptible...
G.T.: [...] I try to emphasize, above all, a different, infinite time like that of painting, and a point of view that is often unreachable, otherwise not perceptible to the human eye. For some years now I've been working on views from above. *Mirabilia Urbis*, for example, is a large contemporary landscape of Rome, a landscape of aerial, nocturnal visions. I am always moved when from a plane, at night, I see the sparkle of a city, the one I'm leaving or my point of arrival [...] a fleeting landscape, like crossing a threshold. I wanted to prolong that moment, to hold the gaze from above, to slow it down. To create luminous tracks and to play with the geometry of the city itself, or with the perfect geometries of its buildings, Castel Sant'Angelo, for example [...] its extraordinary planimetric conception–a star, that encloses a pentagon, that encloses a square, that encloses a circle [...]. I imagined the appearances of the angel, and that from above someone might still

London, 2001

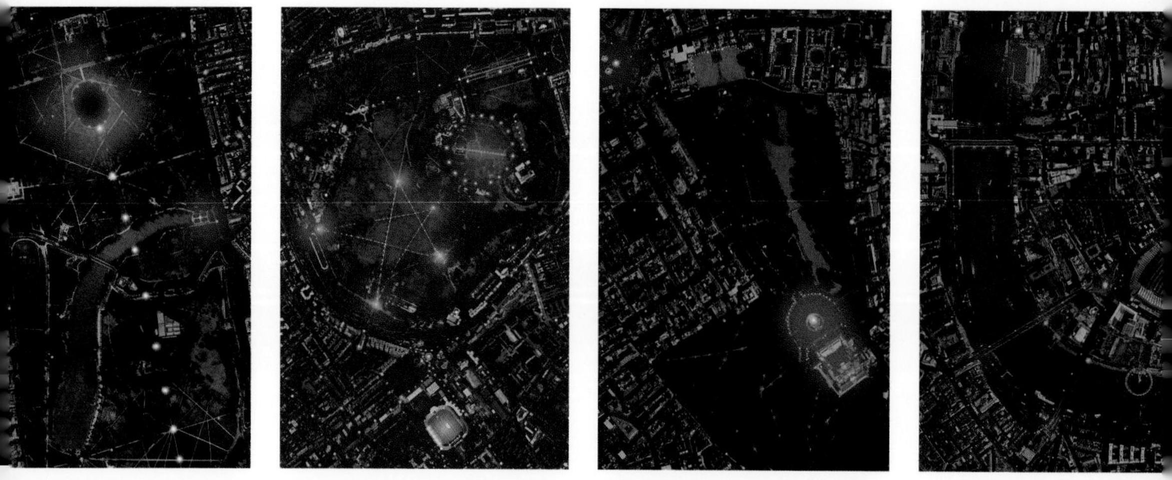

accept the invitation to descend [...]. Are we still capable of creating such beauty? Cities were once built based on a relationship of harmony between heaven and earth, cosmological cities that represented themselves as celestial order, often highly spiritual.
I'm interesting in combining personal, subjective experience with historical, collective experience, the solitary gaze from the sky with the great energy of the crowd on the ground. To look at a stadium from above makes me rethink, complicating it, the concept of democracy... it generates a sense of belonging and extraneousness, at the same time. It's wonderful, for example, that thousands of people want to be there together, closed in one space, and that they spontaneously accept the rules–metaphysical rules, in the end–of the game, whose basic subject is composed of the trajectories of a little ball. There is something ideal, utopian in this. But at times, instead, the reality of stadiums is transformed into violent antagonism, or mass control, so where does the democracy of the audience begin, and where does it end?

E.C.: When we talk about "beauty," the sense one gets is that of an aesthetic quality... Do you assign the term a different meaning?
G.T.: I also believe that aesthetics and ethics are inseparable, and therefore that beauty cannot be only a question of form. Even when we speak of the autonomy of art, we are referring to taking a very radical position with respect to existence.

E.C.: In your view, what is the power that art still has?
G.T.: First of all, I think it has always been an intrinsic necessity of all people, in any place or social level, so art has very great power, which people often prefer to minimize or deviate elsewhere, [...] even to destroy at times. I don't know what reality is or even what is the concreteness of things. I ask myself about it every day, and in my work I try to underline this uncertainty. A ball is a ball, but it is also a system of gravitational forces, a symbol, an object, a name, a game, a memory [...] so I wonder if my idea of "reality" is equal to that of others, and I realize it is not. And for me this is the beauty of life, and even more so of art. If we could make reality be the reality of art our existence would be greatly improved [...].

Ester Coen, in "I video? Affreschi che emanano luce," *la Repubblica*, Rome, November 26, 2001.

pp. 101-105
Il fiore delle 1001 notte
(The Flower of 1001 Nights), 1998

Joseph Baroni

L'uso di astronavi e videogame è dovuto a una Bagdad mai visitata, ma conosciuta solo attraverso le fiabe e le sequenze televisive, di notti di fuochi e di guerre, più simili visivamente a un wargame che al film di Pasolini. Credo non si possano dimenticare quelle immagini del 1990, che hanno segnato fortemente il nostro immaginario rispetto a Bagdad. [...] Penso a *Le mille e una notte* come a un racconto infinito, narrato da tante voci nel tempo. Pasolini aveva interpretato secondo il suo tempo alcuni di questi racconti, aveva cercato i luoghi e i personaggi viaggiando e visitando paesi che io non ho mai visto, questa quindi è ovviamente una grande differenza, ma non ho cercato un'antitesi a Pasolini, ma piuttosto di proseguire ancora, con una mia visione, il racconto delle *Mille e una notte*, partendo non dal libro ma dal suo film, quindi dal suo stesso racconto [...] Ho pensato molto a questo *fiore*, che da una parte è una selezione dei racconti, dall'altra era per me, nella mia immaginazione, veramente un fiore notturno del deserto, che forse non appariva in terra ma in cielo, luminoso come un astro colorato [...]

Joseph Baroni, in *Il video antitelevisivo. Intervista a Grazia Toderi, un'artista alla Biennale*, "Link", n. 4, novembre, 1999.

The use of spaceships and videogames is due to a Baghdad never visited, known only through fables and televised sequences of nights of fire and war, visually closer to a war game than to Pasolini's film. I believe it is impossible to forget those images of 1990 that have strongly influenced our image of Baghdad [...] I think of the *Thousand and One Nights* as an infinite story, narrated by many voices in time. Pasolini interpreted some of these stories according to his time; he sought out the places and characters, traveling to and visiting countries I've never seen, so this is obviously a big difference. I haven't attempted an antithesis to Pasolini, but instead wish to continue further with my own vision, the narrative of the *Thousand and One Nights*, starting not with the book but with his film, and therefore starting from its story [...] I have thought a lot about this *flower*, which on the one hand is a selection of the tales, while on the other, for me, in my imagination, is truly a nocturnal flower of the desert, which perhaps didn't appear on the earth but in the sky, bright as a colored star [...]

Joseph Baroni, in "Il video antitelevisivo. Intervista a Grazia Toderi, un'artista alla Biennale," in *Link*, n. 4, November 1999.

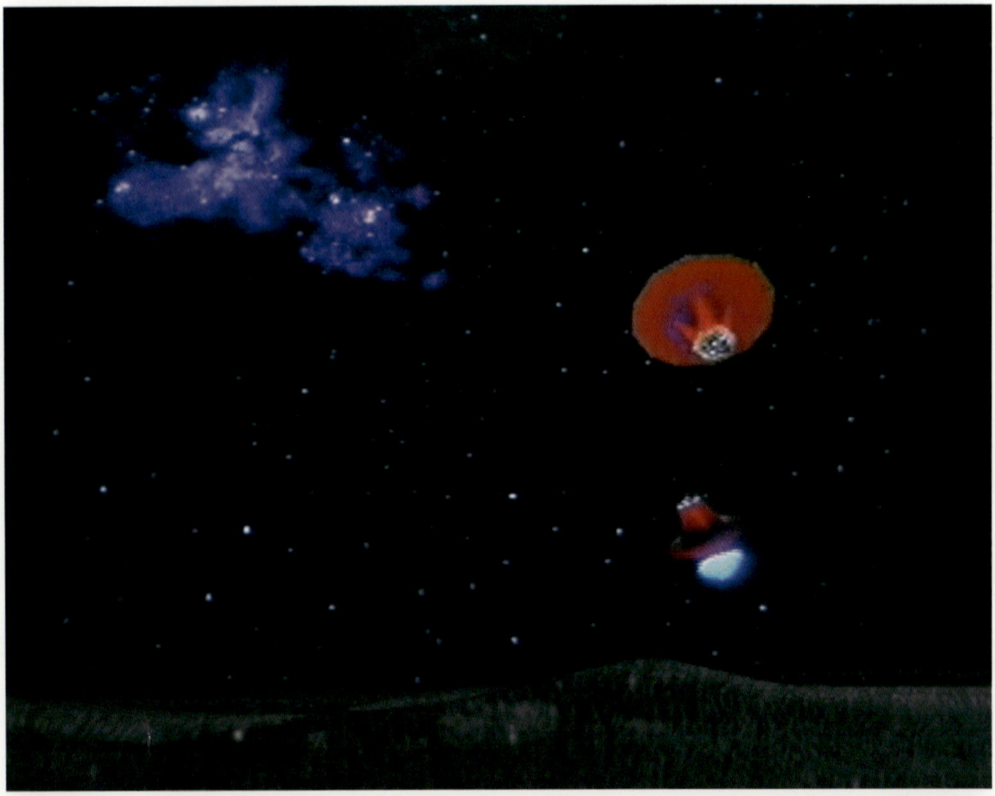

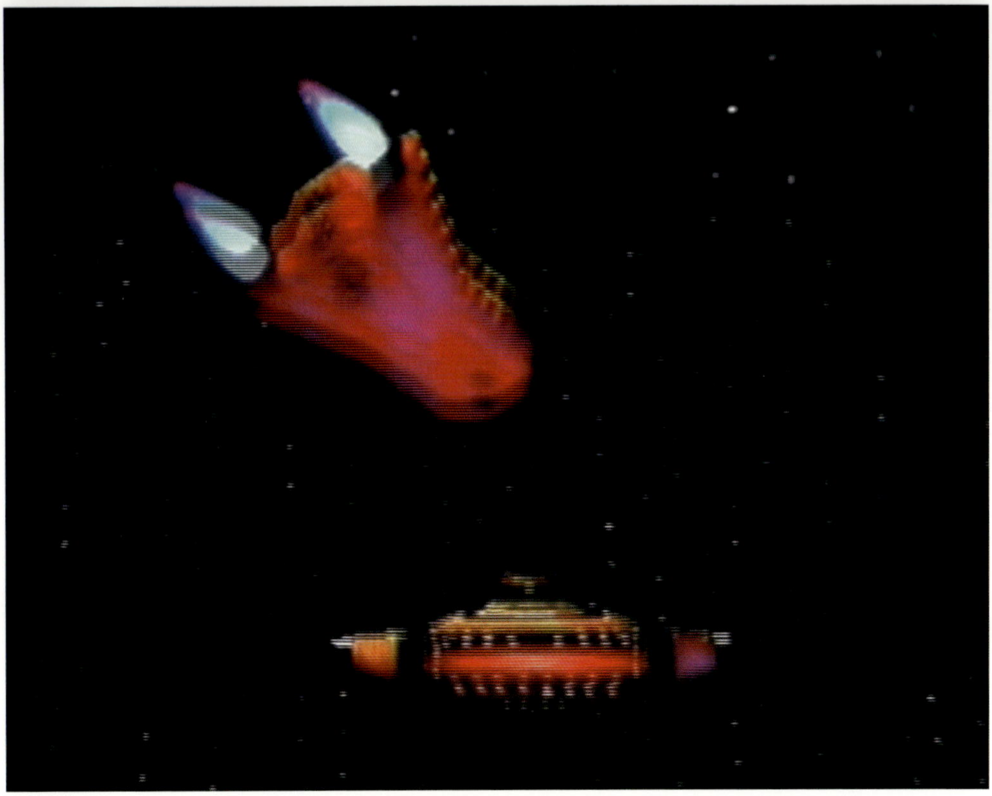

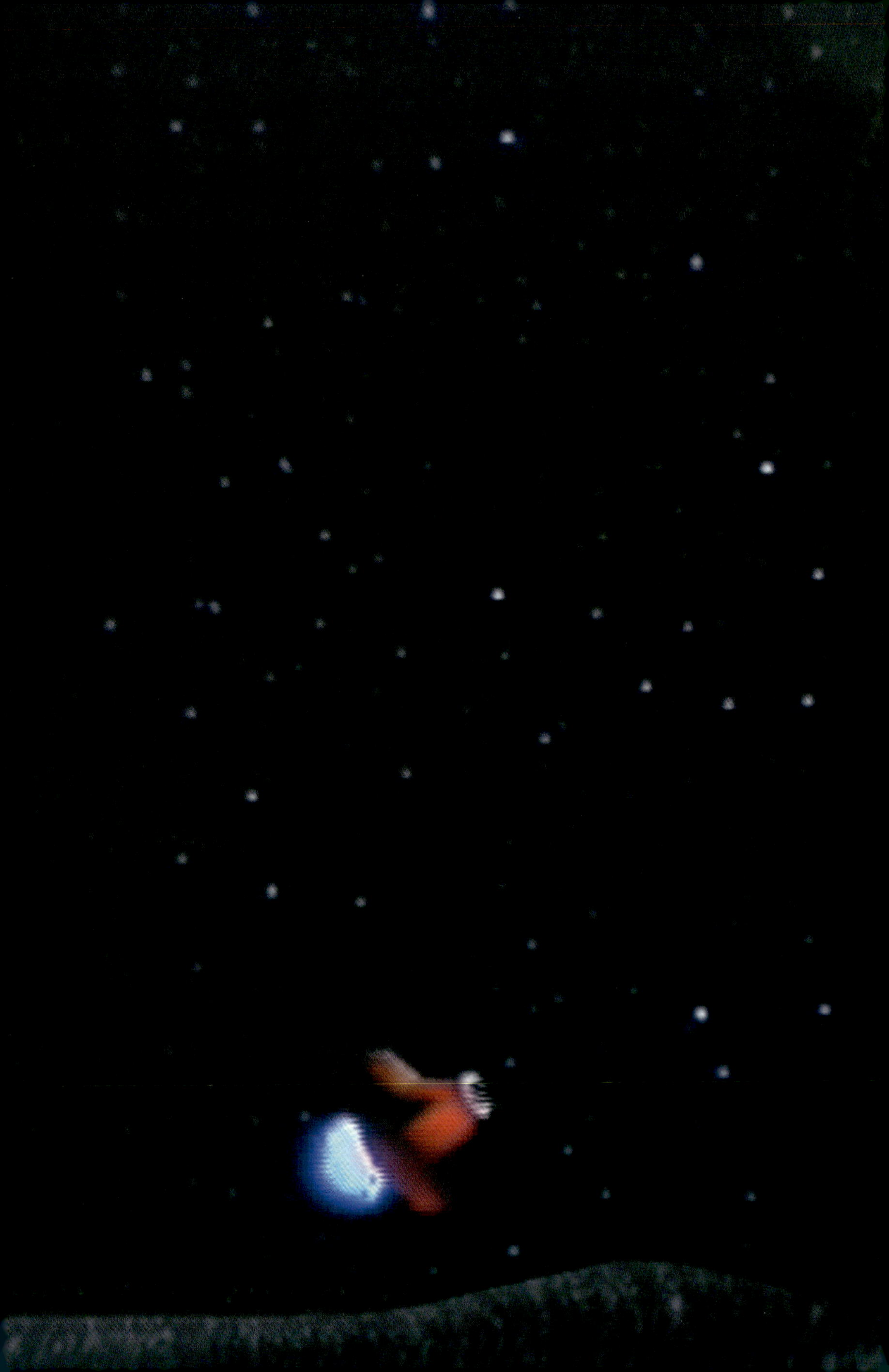

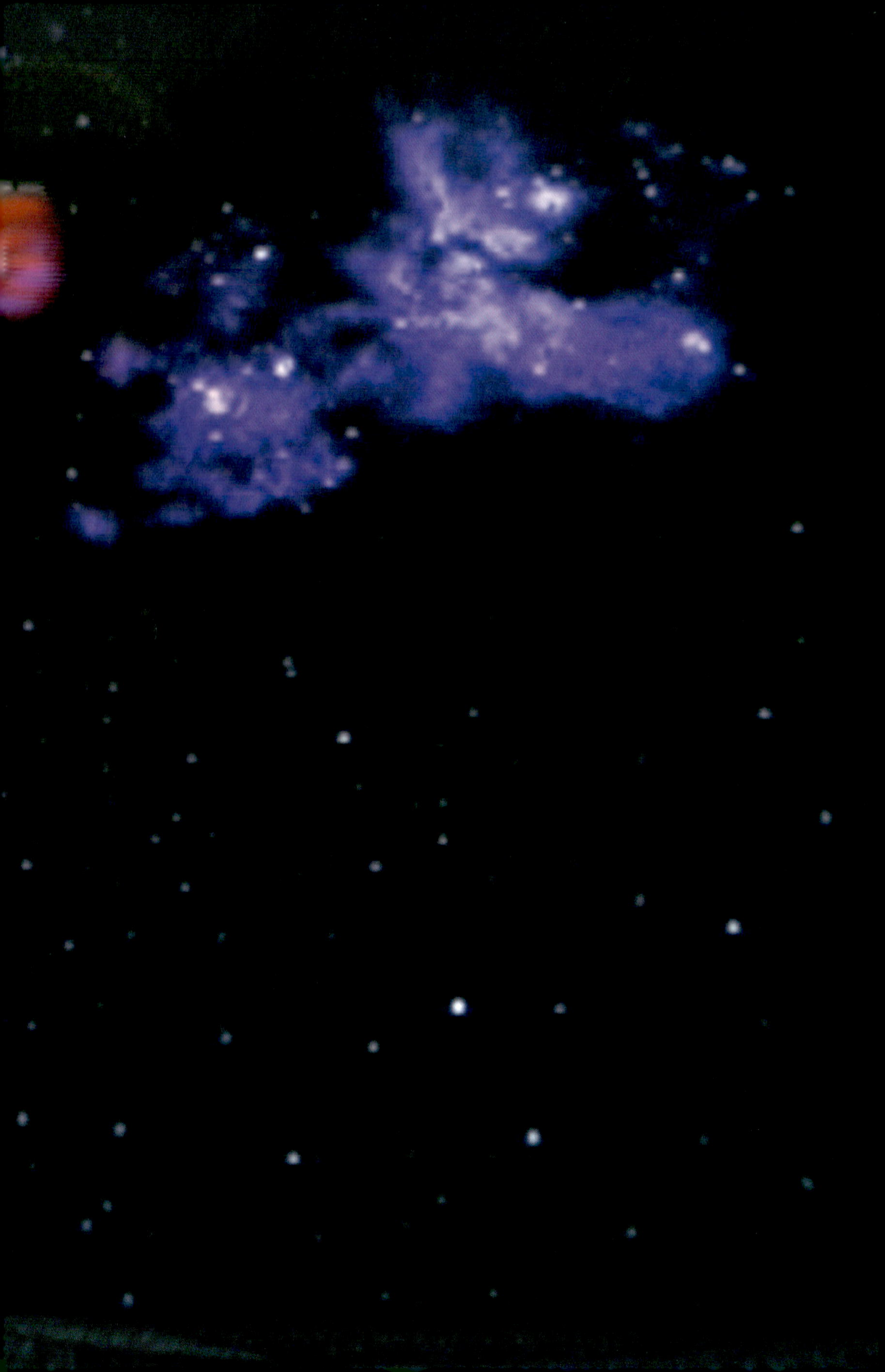

Massimiliano Gioni e/and Gianfranco Maraniello

Credo che il concetto di realtà si trasformi continuamente, proprio come Pasolini fa dire alla principessa Dunya dal principe Tagi: "...La verità intera non sta in un solo sogno. La verità intera è in molti sogni...", e la realtà mi sembra si rompa come uno specchio in tanti frammenti, tanti quanti sono i punti di vista, all'infinito. Inoltre non è più vista dal nostro occhio, ma da tanti altri infiniti occhi di tecnologie che ne danno sempre una visione differente. L'occhio del cinema, quello della televisione, quello di Internet, quello delle riviste, quello dei racconti... Il numero stesso "milleuno" [...] simboleggia un infinito, una potenziale progressione. Per la mia opera ho deciso di lavorare su "un titolo e otto notturni", per avere ancora una relazione con un numero, l'otto, che evoco spesso nei miei lavori proprio per il suo rapporto con l'infinito (∞). Lavorare su *Il fiore delle 1001 notte* mi era stato proposto dal coreografo Virgilio Sieni, per le scene del balletto che si è tenuto in febbraio al Teatro Comunale di Ferrara, al Teatro Comunale di Modena e all'Hebbel Theater di Berlino. La musica è di Giorgio Battistelli, composta per una grande orchestra sinfonica, ed eseguita da quella del Teatro Comunale di Ferrara diretta da Erasmo Gaudiomonte.
[...] Mentre lavoravo al "fiore" pensavo moltissimo a un altro titolo magnifico che ho molto amato: *2001: Odissea nello spazio*, e che ho citato spessissimo nel testo di presentazione del lavoro, per le sue analogie: il 1001 e il 2001, le notti e lo spazio, il "fiore" e l'Odissea... In uno dei miei notturni lo spazio di un teatro diventa come l'anello dell'astronave di 2001, nello spazio. Quando in seguito ho saputo della morte di Kubrick ho pensato immediatamente a quel 2001 che non vedrà mai più, a quel futuro così stranamente vicino che aveva immaginato nel suo film.

Massimiliano Gioni e Gianfranco Maraniello, in *Grazia Toderi. Case di bambole,* "Flash Art", n. 216, Milano, giugno-luglio, 1999.

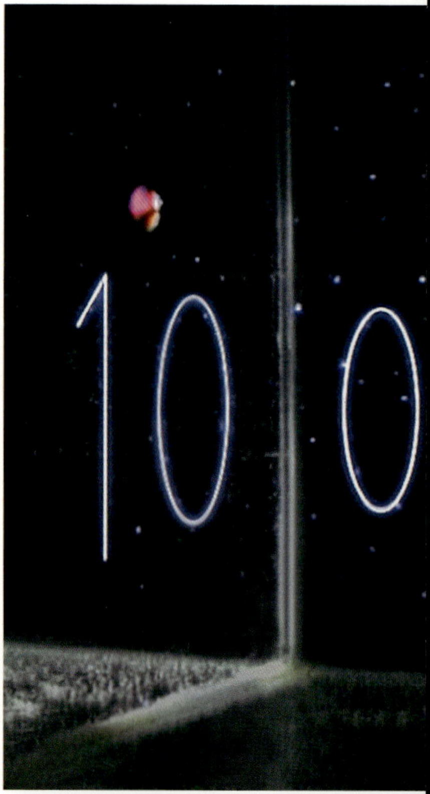

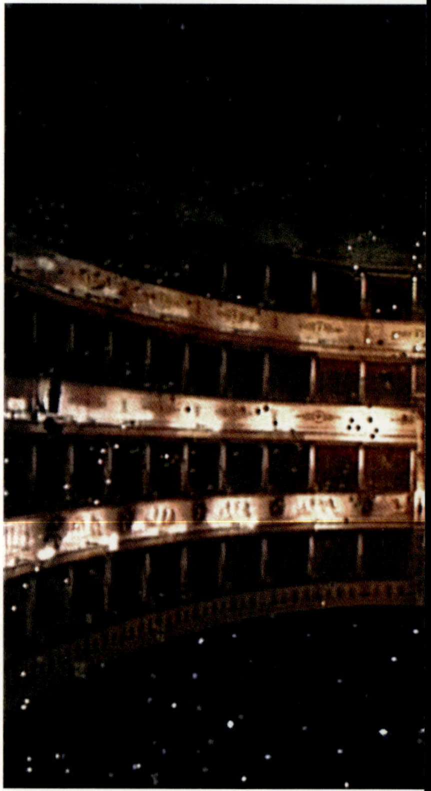

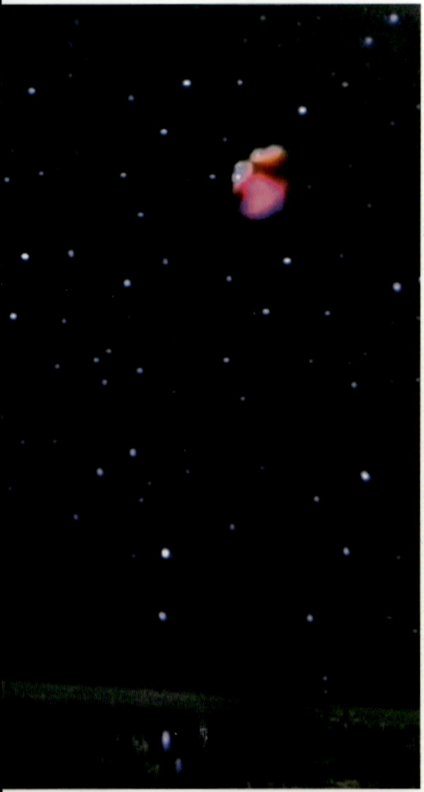

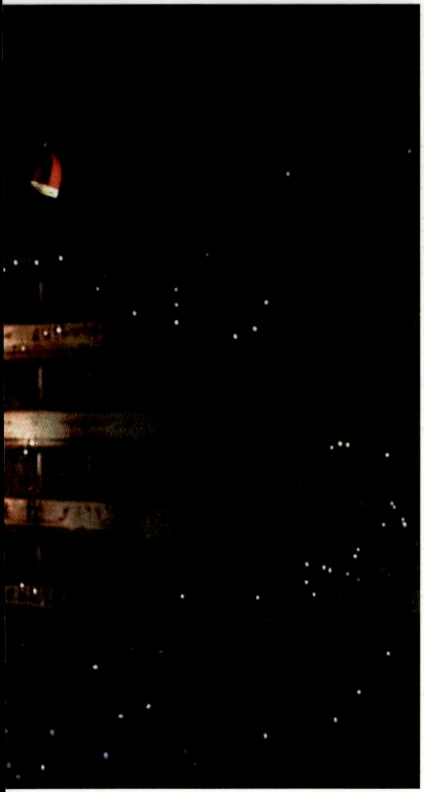

I believe the concept of reality is continuously transformed, just as Pasolini makes Prince Tagi say to Princess Dunya: "...the whole truth lies not in just one dream. The whole truth is in many dreams..." It seems to me that reality breaks, like a mirror, into many fragments, as many as there are points of view, infinitely. Moreover, it is no longer seen by our eyes, but by many other infinite eyes of technologies that always convey a different vision. The eyes of cinema, television, the Internet, magazines, stories... The number itself, "1001" [...] symbolizes an infinity, a potential progression. For my work I decided to concentrate on "one title and eight nocturnes," to still have a relationship with a number, eight, which I often use in my works precisely because of its relationship with infinity (∞). The suggestion to work on *Il fiore delle 1001 notte*, on the sets for a ballet performed in February at the Teatro Comunale of Ferrara, the Teatro Comunale of Modena and the Hebbel Theater of Berlin, came from the choreographer Virgilio Sieni. The music is by Giorgio Battistelli, composed for a large symphony orchestra and performed by the orchestra of the Teatro Comunale of Ferrara, directed by Erasmo Gaudiomonte.
[...] While I was working on the "flower" I thought a great deal about another magnificent title I have loved very much, *2001: A Space Odyssey*, and I have mentioned it repeatedly in the text that presents the work, citing analogies: 1001 and 2001, nights and space, the "flower" and the Odyssey... In one of my nocturnes the space of a theater becomes like the ring of the spaceship in *2001*, in space. Later, when I heard that Kubrick had died, I immediately thought about the 2001 he would never see, the future so strangely close to us, which he had imagined in his film.

Massimiliano Gioni and Gianfranco Maraniello, in "Grazia Toderi. Case di bambole," *Flash Art*, n. 216, Milan, June-July 1999.

Nancy Spector

In un momento del tempo, troppo breve per essere misurato, lo spazio girò e si avvolse su se stesso.
Così si conclude la sceneggiatura di *2001: Odissea nello spazio,* l'epico film di fantascienza di Stanley Kubrick, proiettato per la prima volta nel 1968, un anno prima dell'atterraggio lunare dell'Apollo 11 e della passeggiata sulla luna di Neil Armstrong. [...] Probabilmente vi chiederete che cosa il megaspettacolo [...] abbia in comune con l'intimistica arte video di Grazia Toderi. Curiosamente, tutto [...]. Sia il film che il video contemplano l'immensità dell'infinitesimale e il suo contrario.

L'infinito esisterà fino a che il suo opposto non sarà dimostrato.
Questa è l'affermazione di Toderi in riferimento a *Prove per la luna,* del 1996, ed è un teorema ricorrente nei suoi video. Dai primi lavori che mettono poeticamente a fuoco il micro momento e i gesti più effimeri, fino ai video e le proiezioni luminose più recenti, che immaginano panorami extraterrestri, ha sondato quel terreno dialettico nel quale ciò che è minuscolo promette di rivelare i segreti dell'universo. In *Prove per la luna* intravediamo un mondo liquido nel quale due oggetti vagamente astronautici – un veicolo lunare e una capsula – fluttuano nello spazio. Questo universo antigravitazionale apparentemente non è in scala; è difficile stabilire se i congegni sospesi siano giocattoli o oggetti reali. In vari momenti del video, vapori simili a fumo si diffondono nella spessa atmosfera. Giungono dall'alto, e sembrano le emissioni di una gettopropulsione, il residuo fumoso del lancio di un missile. Una musica accompagna ognuno degli invisibili decolli di quest'opera fantascientifica. Toderi ha costruito un panorama onirico da opera lirica, in cui i primi stadi dei viaggi spaziali sono rappresentati con i mezzi più semplici: acqua, giocattoli e fumo. Un altro video del 1996, *Nata nel '63,* medita sulle meraviglie dell'esplorazione spaziale utilizzando un lessico altrettanto semplice, ma con maggiore radi-

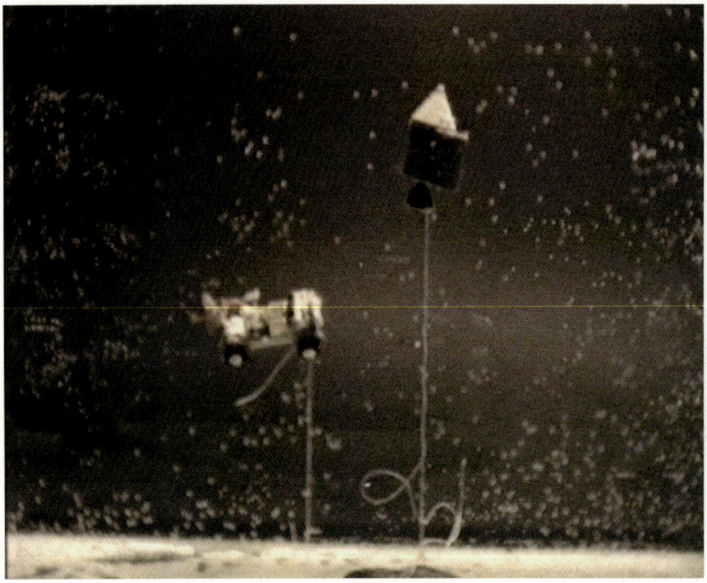

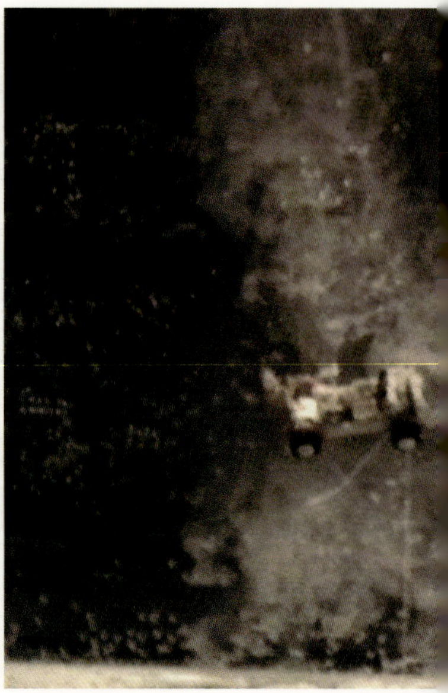

camento storico e autobiografico. Una bambolina dalla testa fulva, con una palla rossa e un vestito a pois, gira e rigira su se stessa, creandosi un'orbita personale. È lei stessa il proprio piccolo pianeta rotante in un ambiente decisamente liquido, nel quale minuscole gocce d'acqua sembrano altrettante stelle. Alle sue spalle, un vecchio apparecchio televisivo trasmette uno spezzone d'archivio della missione dell'Apollo 11. Si vede il countdown e il lancio del missile, la traiettoria ascendente dell'astronave e infine la passeggiata sulla luna. Dopo *Il decollo*, la cinepresa si sposta ad inquadrare la terra vista dall'alto, che diventa sempre più piccola e simile a un pallone. Presto la terra e la palla rossa assumeranno la stessa grandezza: due giocattoli nell'immaginazione di un bimbo. Il titolo del video allude all'anno di nascita di Toderi, collocandola in un tempo preciso e in un luogo storico. Figlia degli anni '60, appartiene alla generazione televisiva, la prima che guarda il mondo attraverso il tubo catodico [...]. Per Toderi, tuttavia, la trasmissione televisiva dell'atterraggio sulla luna nel 1969 "unì il mondo intero in un sentimento di meraviglia" e promise un futuro colmo di analoghe meraviglie [...]. In *Nata nel* '63, la scoperta infantile del potere della meraviglia si basava e sull'esplorazione spaziale e sul poter seguire l'avvenimento su un televisore una "scatola – afferma – che perpetuava meraviglie". Non è un commento irrilevante per un'artista che ha dedicato gran parte della sua carriera alla produzione di video. Nel suo universo artistico, l'immagine in movimento – con il suo fluire temporale, le sue potenzialità narrative e le sue facoltà mimetiche – è una tecnica ben precisa. In sostanza, il video è il suo pennello, ma incide anche sulla sua iconografia [...].

Nancy Spector, in *Grazia Toderi: la leggerezza dell'Essere*, Castello di Rivoli Museo d'Arte Contemporanea, Rivoli-Torino/Charta, Milano, 1998.

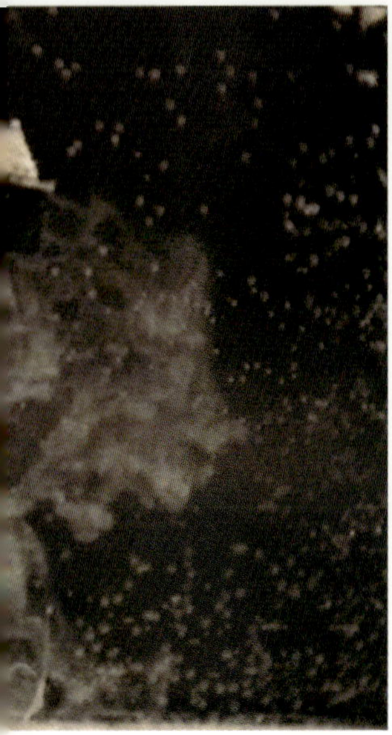

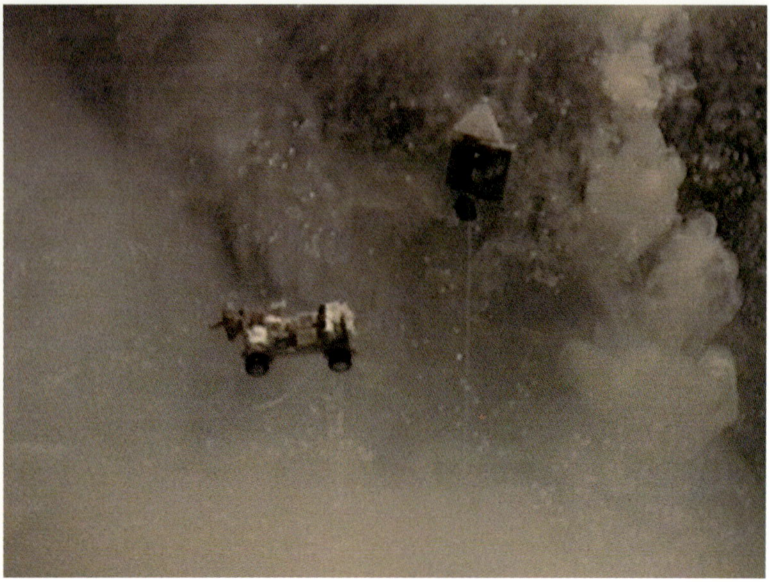

pp. 106-107
Prove per la luna (Tests for the Moon), 1996

Nata nel '63 (Born in '63), 1996

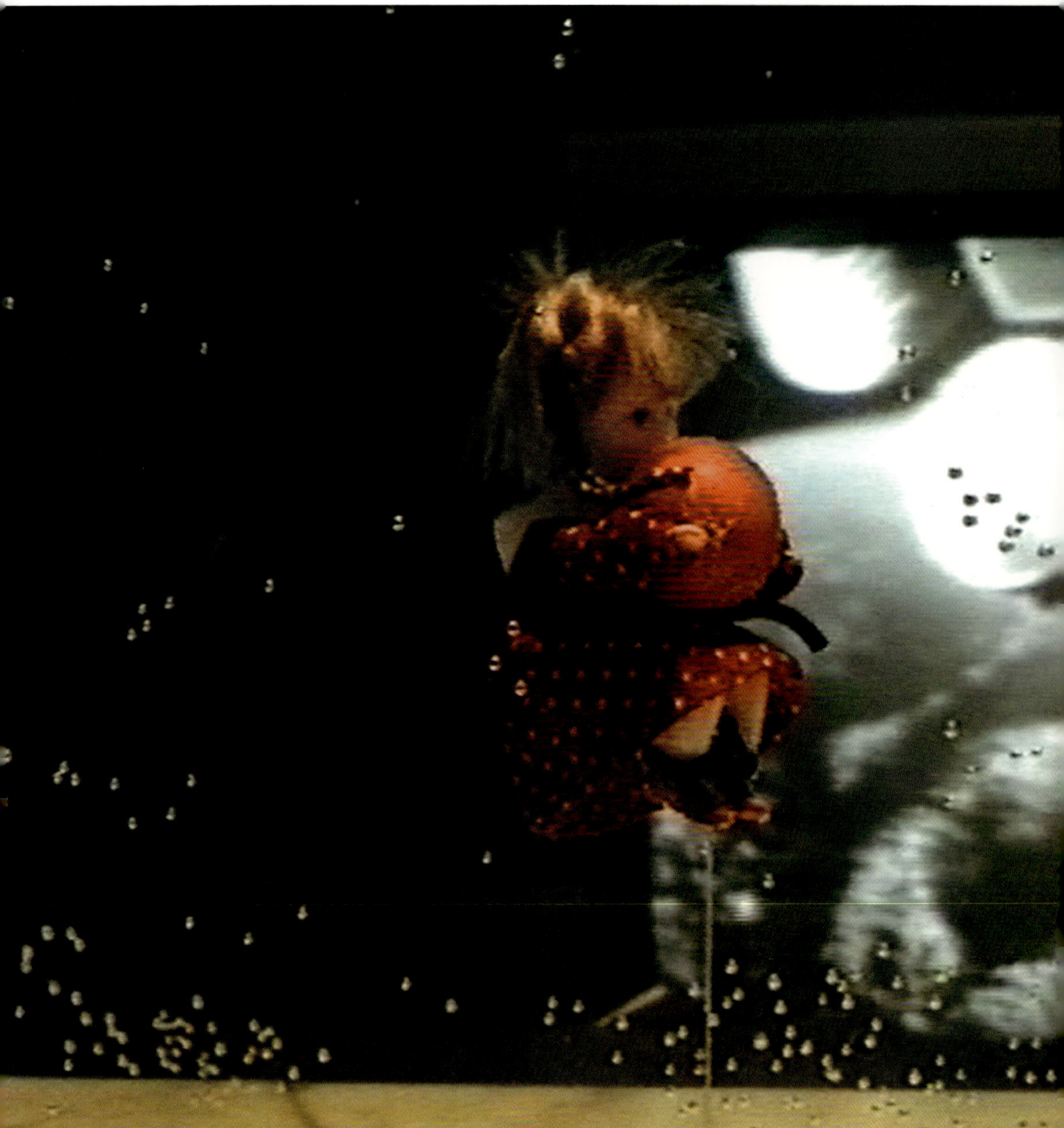

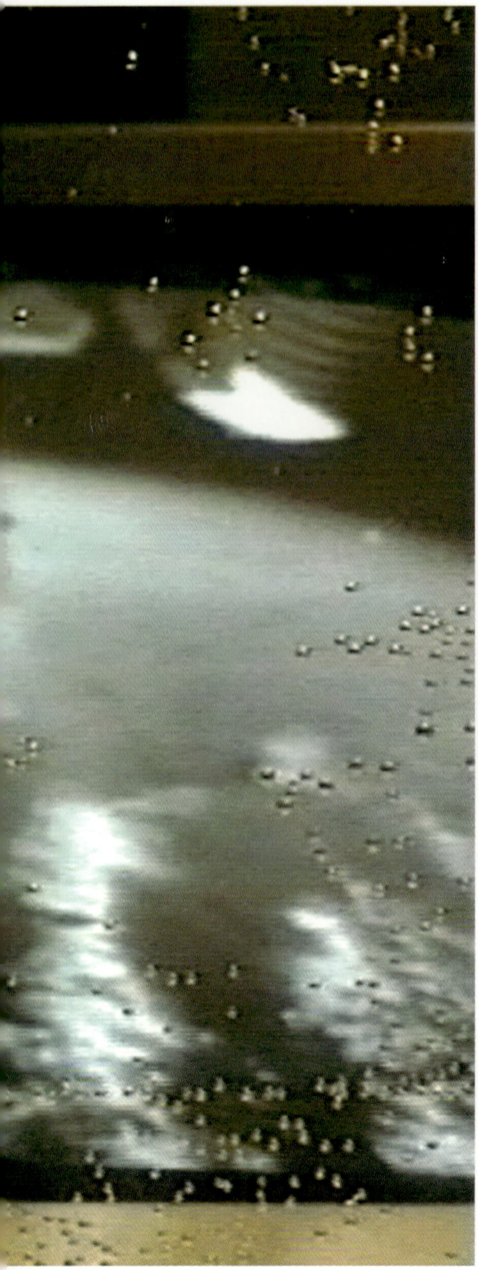
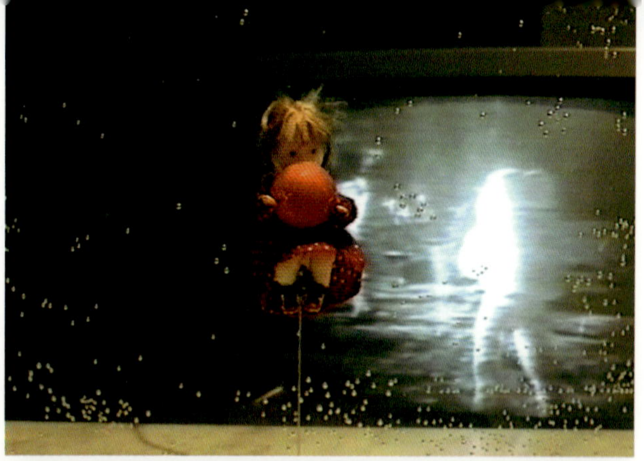
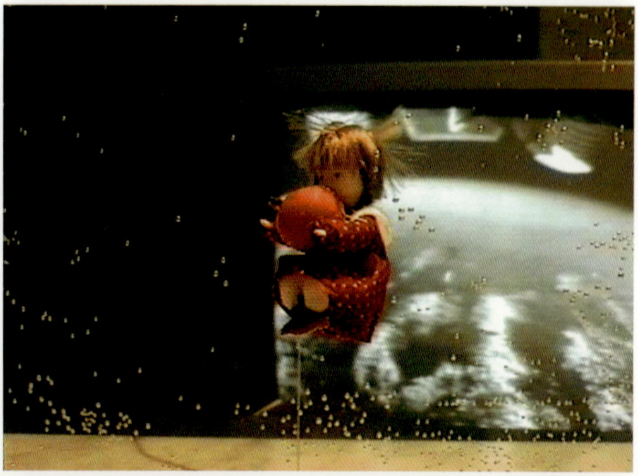
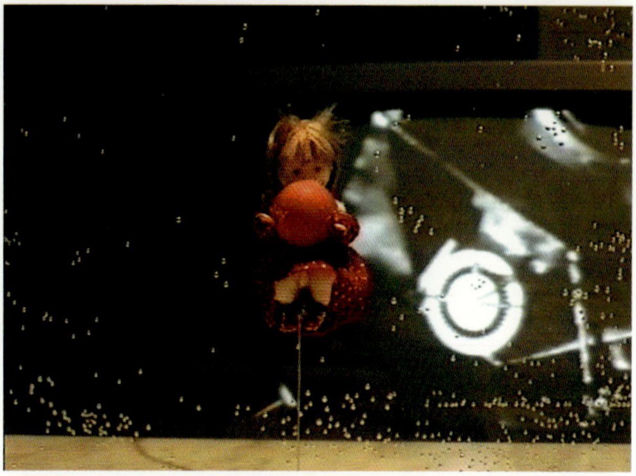
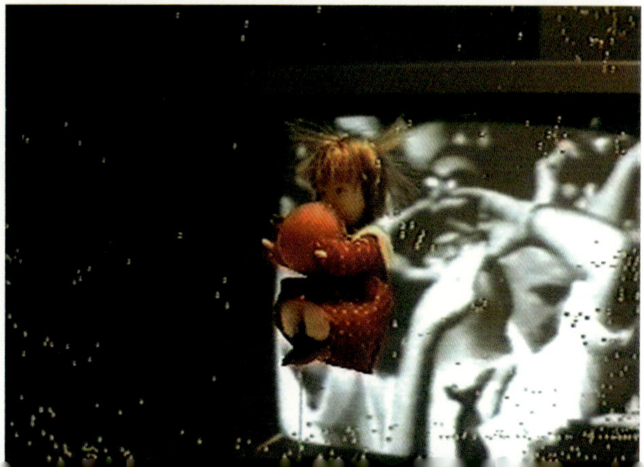

Nancy Spector

In a moment of time, too short to be measured, space turned and twisted upon itself.

So ends the screenplay for *2001: A Space Odyssey*, Stanley Kubrick's epic science fiction film, which premiered in 1968, one year before Apollo 11 made its historic lunar landing and Neil Armstrong walked on the moon. [...] What, you may ask, does the mega-spectacle [...] have in common with the intimate video art of Grazia Toderi? Bizarrely enough, everything. [...] Both film and artwork contemplate the infinitude of the infinitesimal and its inverse. [...]

The infinite will exist as long as its opposite is demonstrated.

Toderi made this observation in reference to her 1996 video projection *Prove per la luna* (Tests for the Moon), but it is a theorem that she proves again and again in her work. From the earliest tapes, which focus poetically on the micro-moment and the most ephemeral of gestures, to the more recent videos and light projections, which imagine extraterrestrial skyscapes, she has mined that dialectical terrain where the minuscule promises to reveal the secrets of the universe. In *Prove per la luna*, we glimpse a strange, aqueous world in which two vaguely astronautical objects–a moon-roving vehicle and capsule–float in space. This antigravitational realm is seemingly without scale; it is difficult to determine whether the hovering technological devices are toys or the real thing. At various intervals throughout the twenty-minute tape, fume-like vapors infiltrate the thick atmosphere. Coming from above, they appear like emissions from jet propulsion, the smoky residue of a rocket launch. A lilting aria accompanies each of the unseen take-offs performed during this science-fiction opera. Toderi has constructed an operatic dreamscape here, in which the first stages of space voyages are charted with the most minimal of means: water, toys, and smoke. Another video from 1996, *Nata nel '63* (Born in '63), muses on the wonders of space exploration

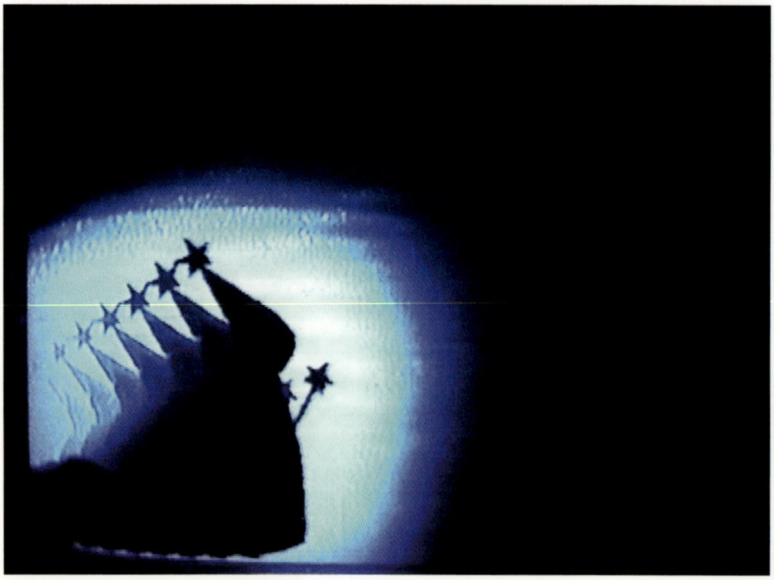

Sogni d'oro (Golden Dreams), 1998

using an equally humble vocabulary, but this work is more rooted in the historical and the autobiographical. A small, red-haired doll holding a red ball and wearing a red-and-white polka-dotted dress revolves continuously around herself, carving out a private orbit. She is her own little planet spinning in a decidedly liquid environment, in which tiny water droplets appear like so many stars. Behind her, an old television set airs archival footage of the Apollo 11 lunar mission. We see the countdown and rocket launch, sunglass-sporting spectators marveling at the sight, the upward trajectory of the spaceship itself, and, eventually, the moon walk. After takeoff, the camera switches to shots of the earth seen from above, growing ever smaller and globe-like as the spacecraft hurls towards the moon. Soon earth and red ball will seem analogous in size–two toys for a child's imagination. The title of the video, *Nata nel '63*, refers to Toderi's own birth date and thus situates her in a specific time and historical place. A child of the sixties, she is a member of the television generation, the first to witness the world through the cathode-ray tube. [...] For Toderi, however, the televised moon landing in 1969, "brought together the entire world in a sense of wonder..." [...] As it is mapped in *Nata nel '63*, the artist's childhood revelation about the power of wonder was premised as much on the technological achievements of space exploration as it was on the fact that she viewed the event, along with millions of others, on a television set–a "box" she claims, "that perpetuated marvels." This is not an insignificant remark for an artist who has devoted the majority of her career to creating videos. In Toderi's artistic universe, the moving image–with its temporal flow, its narrative capacities and its mimetic faculties–is a defining technique.
In essence, video is her paintbrush, but it also impacts upon her iconography. [...]

Nancy Spector, in *Grazia Toderi: The Lightness of Being*, Castello di Rivoli Museo d'Arte Contemporanea, Rivoli-Torino/Charta, Milan, 1998.

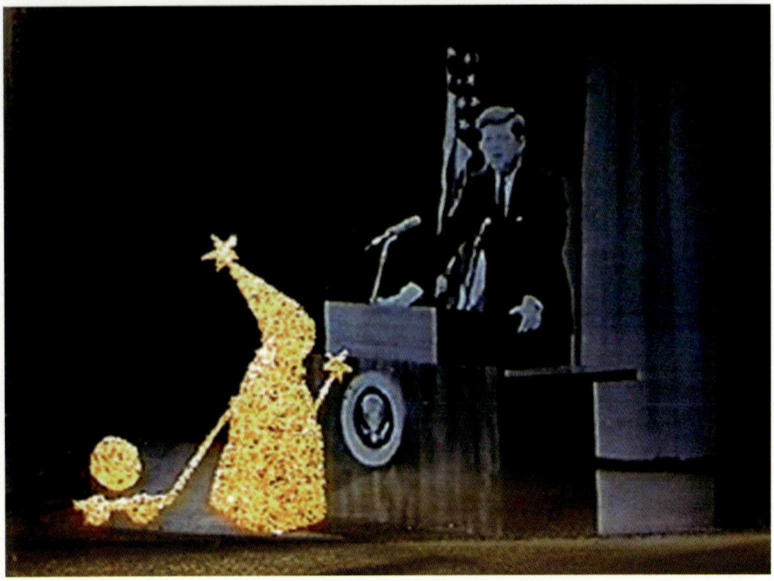

Laura Cherubini

Dal paesaggio domestico, con la lavatrice, il bicchiere, il vetro di casa, ai paesaggi dell'astronomia, quel mondo che affascina l'artista, che appartiene al passato delle favole dell'infanzia e al futuro delle tecnologie sempre più sofisticate e dei viaggi sempre più lontani, alla scoperta di nuove forme di vita le cui condizioni sembrano sempre più possibili (a questo proposito possiamo notare che già il casco di *Autoritratto con problemi, problemi*, un altro cosmo-capsula, è quasi un oggetto da astronauta). "Non è un caso se nell'ultimo periodo, questo mondo familiare è stato proiettato nel grande spazio cosmologico" (Sergio Risaliti). Ma questo allargamento corrisponde a una dilatazione dell'io immediatamente traslato in noi. "La sua visione delle spedizioni intergalattiche è

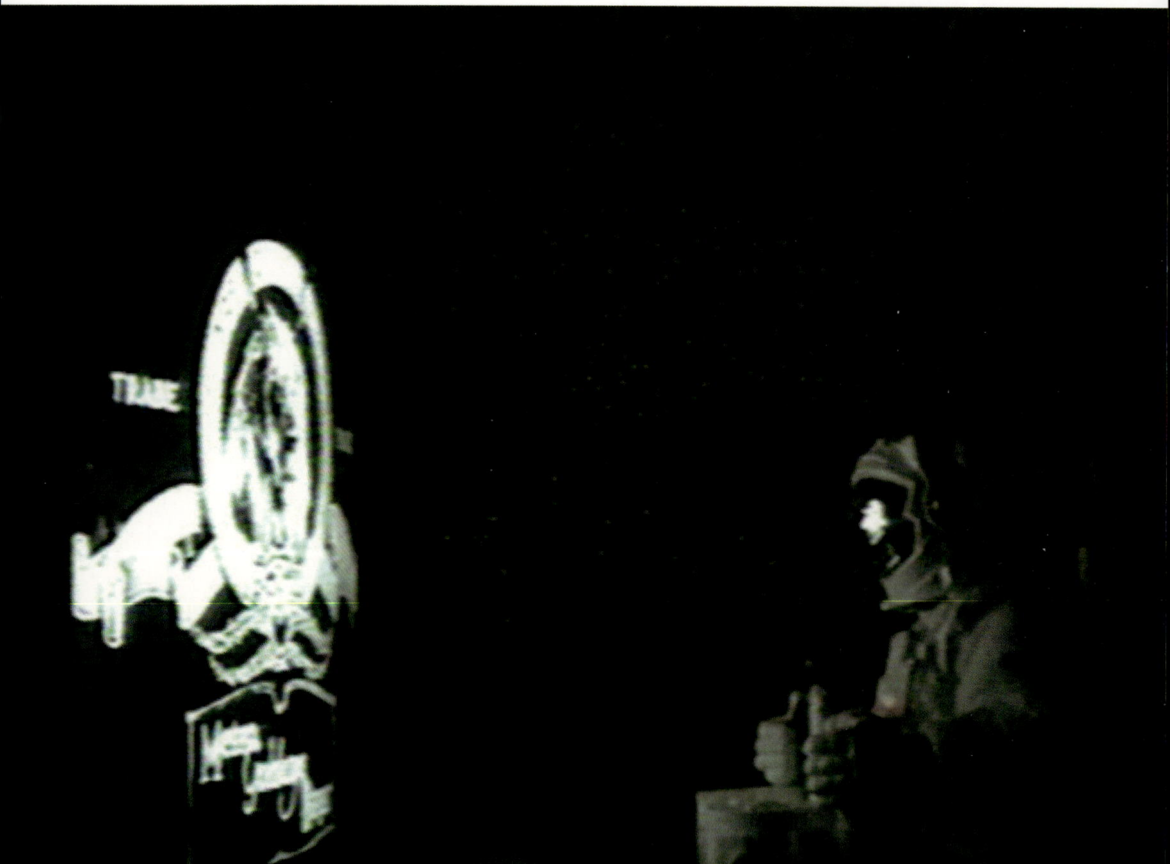

una visione collettiva, suggerita dalle immagini trasmesse dalla televisione e dal cinema" (Nancy Spector). Il cinema è il grande, collettivo, sogno a occhi aperti "sotto la coda di cometa del proiettore" come scriveva Robert Desnos.

"C'è un solo americano adulto che, da bambino, non sia stato portato al cinema a vedere *Il Mago di Oz*? E c'è un solo bambino americano di oggi che non abbia visto quel film almeno una volta in televisione?" (James Juneau). Abbiamo visto che Grazia Toderi dalla dimensione dell'intimità, dalla memoria individuale, dai ricordi d'infanzia seleziona ed estrae sempre quei brani di storia culturale, quei momenti, quegli elementi che si prestano a un carattere collettivo: la conquista della luna, lo stadio, e ora il mago di Oz che è in America la favola di una giovane nazione. Nei titoli di testa una frase che sancisce l'universalità della storia recita: "Per quasi quaranta anni questa storia ha reso un fedele servizio a tutti i giovani di cuore; e il tempo non è riuscito a far sfiorire la sua garbata filosofia. A tutti coloro che continuano ad amarla e ai giovani di cuore noi dedichiamo questo film". Ed è a questo film che l'artista dedica *Ragazzi caduti dal cielo* (nel film di Fleming, Dorothy-Judy Garland viene chiamata proprio così), il video in cui un astronauta semisdraiato (nella posizione del personaggio laterale nel video *Terra*, quasi un "dicitore" in un dipinto manierista) guarda un piccolo schermo di traverso su cui scorrono le immagini del film e in particolare la sequenza della finestra, che implicitamente allude allo schermo cinematografico già nel film e, nel lavoro di Grazia Toderi, ancor più alla televisione. Secondo Salman Rushdie il carattere del film sta nel mostrare come l'inadeguatezza degli adulti costringa i bambini a prendere in mano il loro destino. L'opera rovescia l'assunto del film, che tutte le persone incontrate nel fantastico regno di Oz non siano altro che le persone che popolano la vita di una fattoria del Kansas con la conseguente morale: "There's no place like home". Questa battuta finale è però contraddetta a livello di linguaggio filmico dal fatto che il mondo immaginario, a colori, appare più vero di quello reale, in bianco e nero. Dorothy approda in un giardino, un piccolo Eden posto oltre l'arcobaleno (*Over the rainbow*, il tema musicale del film, ebbe la fortuna di un inno nazionale) "Cambiare le immagini del mondo che scorre con il proprio fiato, creando arcobaleni" ha scritto Grazia Toderi a proposito di *Caldo*. "Adesso sono sicura che non siamo nel Kansas!" esclama Dorothy all'apparire dell'aura luminosa entro cui arriva la buona Fata del Nord ed è questa l'ultima battuta del video di Grazia Toderi. Grazia Toderi, il cui lavoro nasce dalla continua intersezione e direi dalla coincidenza del piano quotidiano (della storia personale) con quello fantastico (dell'immaginario collettivo), o meglio dalla risoluzione del primo nel secondo, chiudendo l'opera su quella battuta e su quel mondo a colori sembra dirci che, anche quando siamo nel Kansas, non siamo nel Kansas, mai.

Ragazzi caduti dal cielo
(Kids Falling from the Sky),
1998

Laura Cherubini, in *Grazia Toderi*, De Appel, Amsterdam, 1999.

Laura Cherubini

From the domestic scene, with its washing machine, drinking glass and other household glassware, to the landscapes of astronomy, a world that fascinates the artist and belongs both to the past of childhood stories and to the future of increasingly sophisticated technologies and ever longer voyages, in search of new forms of life whose existence appears more and more possible (in this connection it is worth noting that the helmet in *Autoritratto con problemi, problemi* [Self-portrait with Problems, Problems], another cosmos-capsule, is almost that of a spaceman). "It is no accident if, in recent times, this familiar world has been projected into the great space of the cosmos" (Sergio Risaliti). But this broadening of horizons corresponds to an expansion of the self, immediately translated into we. "Her vision of intergalactic expeditions is a collective vision, suggested by the images transmitted by the television and cinema" (Nancy Spector). Cinema is the great, collective daydream "beneath the comet's tail of the projector," as Robert Desnos put it. "Is there a single American adult who was not taken to the movie theater as a child to see *The Wizard of Oz*? Is there a single American child today who has not seen the movie at least once on television?" (James Juneau). We have seen that Grazia Toderi selects from the dimension of intimacy, from individual memory, from childhood recollections, those bits of cultural history, those moments, those elements that are capable of taking on a collective character: the moon landing, the stadium, and then (at the Sales gallery in Rome) *Il mago di Oz* (The Wizard of Oz), which in America serves as the fable of a young nation. In the credits we can read a sentence that confirms the universality of the story told: "For nearly forty years this story has given faithful service to the Young at Heart, and Time has been powerless to put its kindly philosophy out of fashion. To those of you who have been faithful to it in return… and to the Young at Heart we dedicate this picture." And it's to this movie that the artist dedicates *Ragazzi caduti dal cielo* (Kids Falling from the Sky–which is exactly how Dorothy/Judy Garland is described in Fleming's movie), the video in which a semi-recumbent astronaut (in the position of the personage in the wings, in Toderi's video *Earth*, almost like a *dicitore* in Mannerist painting) is looking sideways at a small screen on which the images of the film are shown. And in particular the sequence of the window, which implicitly alludes to the cinema screen already present in the movie and in Grazia Toderi's work, even more than it does to television. According to Salman Rushdie, the essence of the movie lies in the way that it shows how the inadequacy of adults obliges children to take their destiny into their own hands. The work turns on its head the premise of the film, the idea that all the people Dorothy meets in the fantastic realm of Oz are just the same ones as she encounters in her life on a farm in Kansas, with the consequent moral: "There's no place like home." Yet this closing line is contradicted at the level of visual imagery by the fact that the imagined world, in color, looks more real than the real one, in black and white. Dorothy arrives in a garden, a little earthly paradise on the other side of the rainbow ("Over the Rainbow," the film's musical theme, attained the status of a national anthem). "Changing the images of the world as it passes with your own breath, creating rainbows," Grazia Toderi wrote about *Caldo* (Heat). "Now I'm sure we're not in Kansas!" exclaims Dorothy at the appearance of the blaze of light in which the Good Witch of the North arrives, and this is the last line in Grazia Toderi's video. Grazia Toderi's work emerges from the continual intersection, and I would say the coincidence, of the everyday plane (of personal history) with the fantastic one (of the collective imagination), or rather from the resolution of the former in latter. Closing the work with that line and that world of color seems to be a way of telling us that, even when we're in Kansas, we aren't in Kansas, ever.

Laura Cherubini, in *Grazia Toderi*, De Appel, Amsterdam, 1999.

Ragazzi caduti dal cielo (Kids Falling from the Sky), 1998

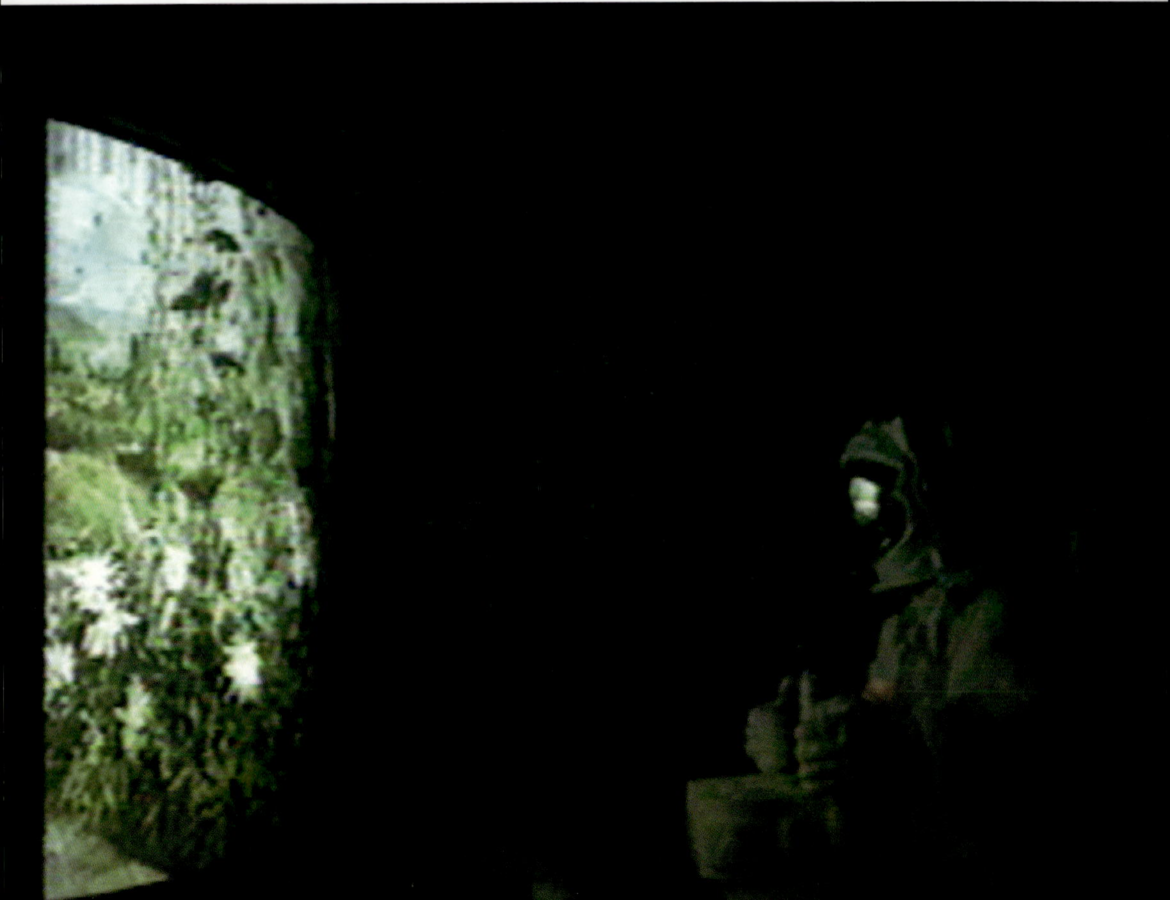

Rosa Martinez

Nei lavori successivi, come *Terra* (1997), Grazia appare all'aperto, alle spalle un aeroporto, dove, sullo sfondo di un cielo rosso, un aereo vola su e giù senza mai atterrare. L'aereo, con le luci di atterraggio accese, si avvicina lentamente alla pista. Quando sta per toccare il suolo, decolla nuovamente, per poi tentare un altro avvicinamento, seguito da un'altra ascensione nello spazio. Nell'angolo sinistro dello schermo si vede un'oscura figura su una sedia a dondolo. Il movimento della sedia si fa veloce e frenetico, poi inizia a rallentare, prima di prorompere in un turbinoso dondolio. La tensione tra l'ascesa e la discesa, tra l'attesa carica di aspettativa e l'arrivo, tra la sospensione e la liberazione, tende a dilatare il momento fino a un per sempre. Chiama in causa le nostre nozioni di tempo e spazio e mentre potrebbe far nascere in noi un sorriso è nel contempo inquietante. Per Grazia questo lavoro sottolinea l'esigenza pressante di tenersi in disparte, si essere distaccata in quest'epoca nella quale si vive a rotta di collo.
"In fin dei conti, viaggiare è sempre stato distaccarsi. Distacco che diventa poi differenza e quindi conoscenza. Quando stiamo in disparte, la nostra percezione delle cose e dei valori cambia". *Terra* è inoltre una potente metafora dell'attesa, e del desiderio che rimane, nonostante il fatto che ciò che si desidera non arriva mai.
Abbiamo bisogno di creare situazioni fittizie per comprendere più profondamente la strada che percorriamo e per afferrare il processo della perdita. Virtualmente tutte le nostre esperienze possono essere viste attraverso il prisma di un inesorabile processo di sparizione.
Dobbiamo avere coraggio di salire ogni volta un poco più in alto per scoprire paesaggi e percepire l'energia che rinasce nel vuoto. Questo è il motivo per cui, come sintesi intuitiva dei processi vitali e creativi di Grazia, si potrebbe tracciare un enorme cerchio di Möbius, un simbolo fondamentale dell'eterno riaccadere delle cose. È una metafora della potenzialità di trascendere verso nuovi spazi, un esempio matematico del processo di espansione e contrazione, un processo ciclico del divenire che ci riporta all'inizio.

Rosa Martinez, in *Grazia Toderi*, Casino Luxembourg – Forum d'Art Contemporain, Luxembourg/Service art contemporain de la Ville de Saint-Nazaire, Saint-Nazaire, 1998

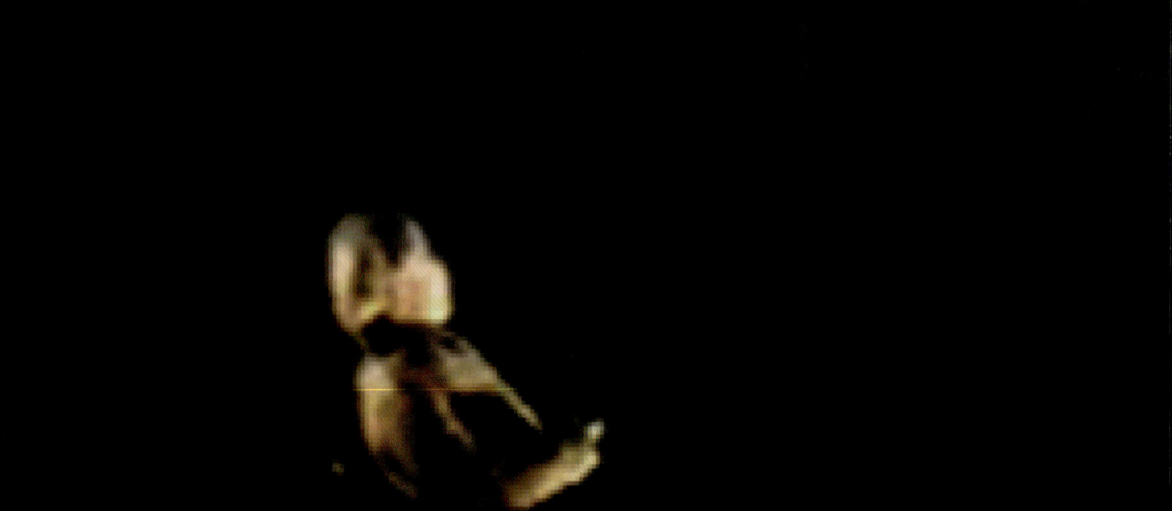

Rosa Martinez

In subsequent productions, such as *Terra* (1997), Grazia emerges into the open, above an airport where, against the backdrop of a red sky, an airplane flies up and down without ever landing. The plane, with its landing lights on, slowly approaches the runway. When just about to touch down, it takes off again, only to attempt another approach followed by yet another climb upwards into the distance. In the left-hand corner of the screen, an obscure figure can be seen in a rocking chair. The movement of the chair becomes fast and agitated, then starts slowing down, before again breaking into a flurry of rocking. The tension between the rise and descent, between the expectant wait and the arrival, suspension and deliverance, tends to make the moment drag on forever. It calls into question our notions of space and time and, while it might elicit a smile, it is disquieting just the same. For Grazia, this work addresses the pressing need to stand back, to find distance in this age of living at breakneck speed. "In the end, the journey has always been about finding distance. Distance then becomes difference and therefore knowledge. When we stand back, our perception of things and values changes." *Terra* is also a powerful metaphor for the wait, and for the desire that remains, despite the fact that the desired thing never comes.
There is a need to create fictions in order to understand more fully the road we walk, and to grasp the process of loss. Virtually all our experiences of life can be viewed through the prism of an inexorable process of disappearance. We need the courage to transcend a bit further each time, to discover landscapes and to feel the energy reborn in the void. That is why, as an intuitive synthesis of her creative, vital process, one could draw a huge Möbius strip, a fundamental symbol of the eternal resurgence of all things. It is a metaphor of the potential for transcending to new spaces, a mathematical example of the process of expansion and contraction, a cyclical process of becomings that take us back to the beginning.

Rosa Martinez, in *Grazia Toderi*, Casino Luxembourg – Forum d'Art Contemporain, Luxembourg/Service art contemporain de la Ville de Saint-Nazaire, Saint-Nazaire, 1998.

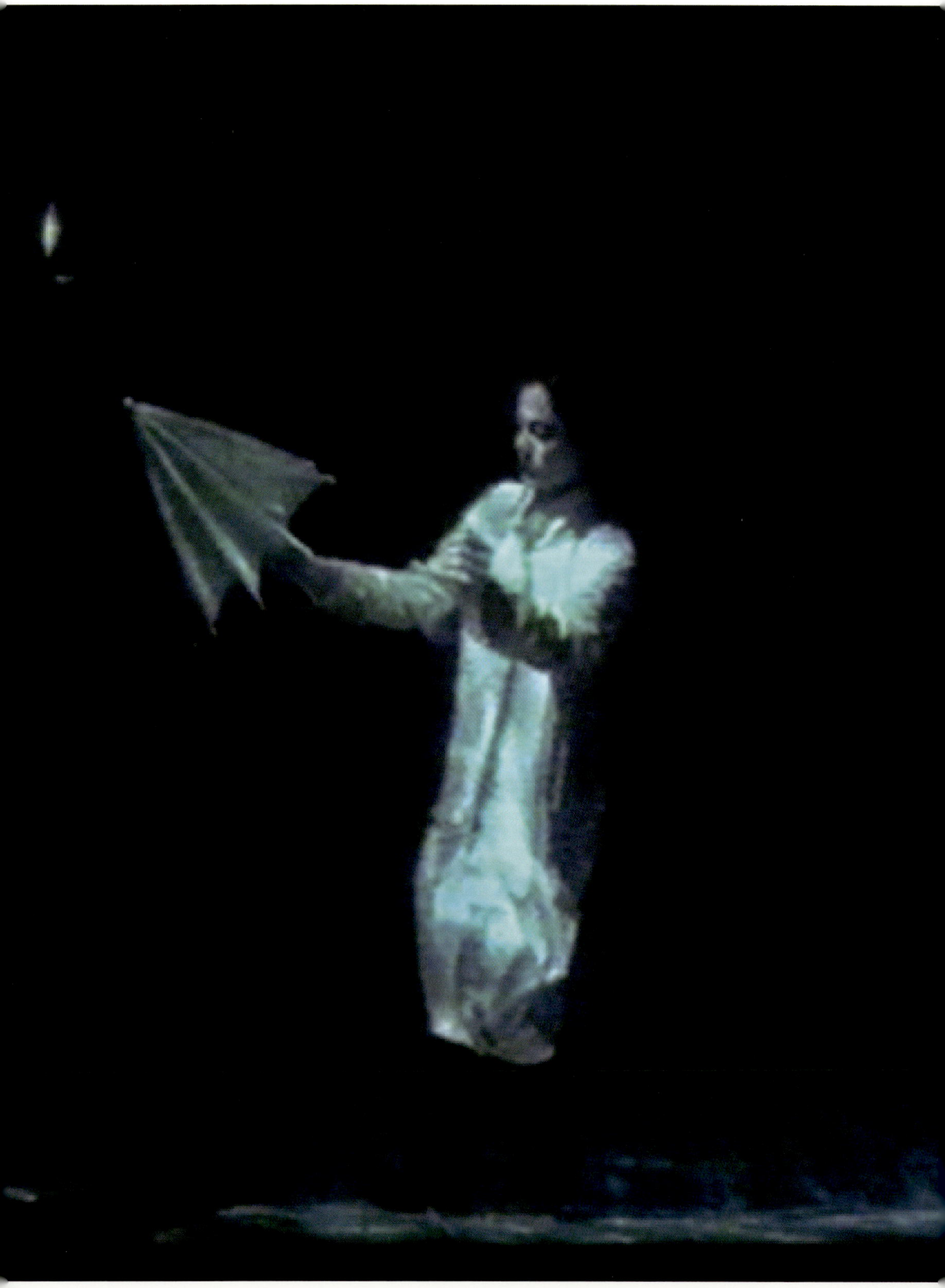

Giorgio Verzotti

La semplicità nell'approccio al video da parte di Toderi è conseguente alla sua volontà di identificare l'atto artistico con la messa in opera delle condizioni dell'atto formale, che poi si compie autonomamente come un divenire auto-regolamentato. In ciò possiamo vedere un ritrarsi del soggetto creativo, un suo farsi da parte che imparenta l'artista ai comportamenti radicali degli anni Settanta (per esempio al lavoro di Sol LeWitt e Gilberto Zorio) e che la differenzia, invece, dalla volontà di potenza tecnologia di molti (video)artisti di oggi, tesi a una ricerca dell'effetto intesa come espressione narcisistica preoccupante per le valenze reazionarie che vi sono sottintese. La semplicità per Toderi è invece l'opposto di ogni volontà di potenza. I suoi lavori nascono nell'ambito quotidiano (addirittura dal lavoro domestico: bagnare i fiori, lavare i piatti, fare il bucato) che l'artista trasfigura per via di intuizioni.
Il corpo stesso dell'artista, che appare nelle opere più recenti, è chiamato in causa in modo non molto diverso dalla pianta e dalla materia inanimata adottate precedentemente. In *Zuppa dell'eternità e luce improvvisa* (1994), un titolo che richiama un passo de *La Montagna Incantata* di Thomas Mann, il corpo è pensato come organismo di cui saggiare la resistenza. L'artista appare in un insieme di brevi sequenze nelle quali si ingegna ad aprire un ombrello muovendosi lentamente in uno spazio poco illuminato. In realtà essa si muove in apnea nel fondo di una piscina in cui si è ripetutamente calata.
In gioco c'è la volontà di compiere un'azione assurda ma anche di sottoporsi a una prova. Saggiare i limiti del corpo significa in questo senso vincere l'istinto di conservazione accogliendo il rischio come apertura al possibile, passando dalla volontà di sopravvivenza all'affermazione della vita stessa, come dice l'artista, memore di Georges Bataille, in una sua dichiarazione del 1993. [...]

G. Verzotti, in *Openings: Grazia Toderi*, "Artforum", New York, aprile 1996

For Toderi, to make art is to establish a set of formal conditions out of which the work then evolves autonomously, following a path that it determines itself. Her definition of the artwork as coming into being on its own links her work to some of the radical art of the '70s: the work of Sol LeWitt and Gilberto Zorio, for example, and process art in general. It also distinguishes her project from the appetite for technological power that we see in the many video artists today who are involved with technical effects and with spectacle, understood as the troublingly narcissistic expression of underlying reactionary values.
Toderi's work, by contrast, is simple and modest, and refers to even as it transfigures the everyday environment. In fact, there seems to be a subtext of domestic chores: watering flowers, washing the dishes, doing the laundry.
Toderi's recent works treat her own body not much differently from the way the earlier videos treated plants and inanimate matter. *Zuppa dell'eternità e luce improvvisa* (Soup of Eternity and Sudden Light, 1994, a title inspired by a passage in Thomas Mann's novel *The Magic Mountain*) makes the body a specimen in an endurance test: in a series of brief sequences, the artist is seen trying to open an umbrella, moving slowly in a dimly lit space. She is actually holding her breath at the bottom of a swimming pool. We are watching an absurdity, but also a trial. And in countering the self-protective instinct to conserve one's energy, this deliberately futile expenditure of effort creates possibility, moving—as Toderi writes in a 1993 statement, reminiscent of Georges Bataille—from the desire for survival to the affirmation of life itself. [...]

G. Verzotti, in "Openings: Grazia Toderi," *Artforum*, New York, April 1996.

pp. 118-121
Zuppa dell'eternità e luce improvvisa (Soup of Eternity and Sudden Light), 1994

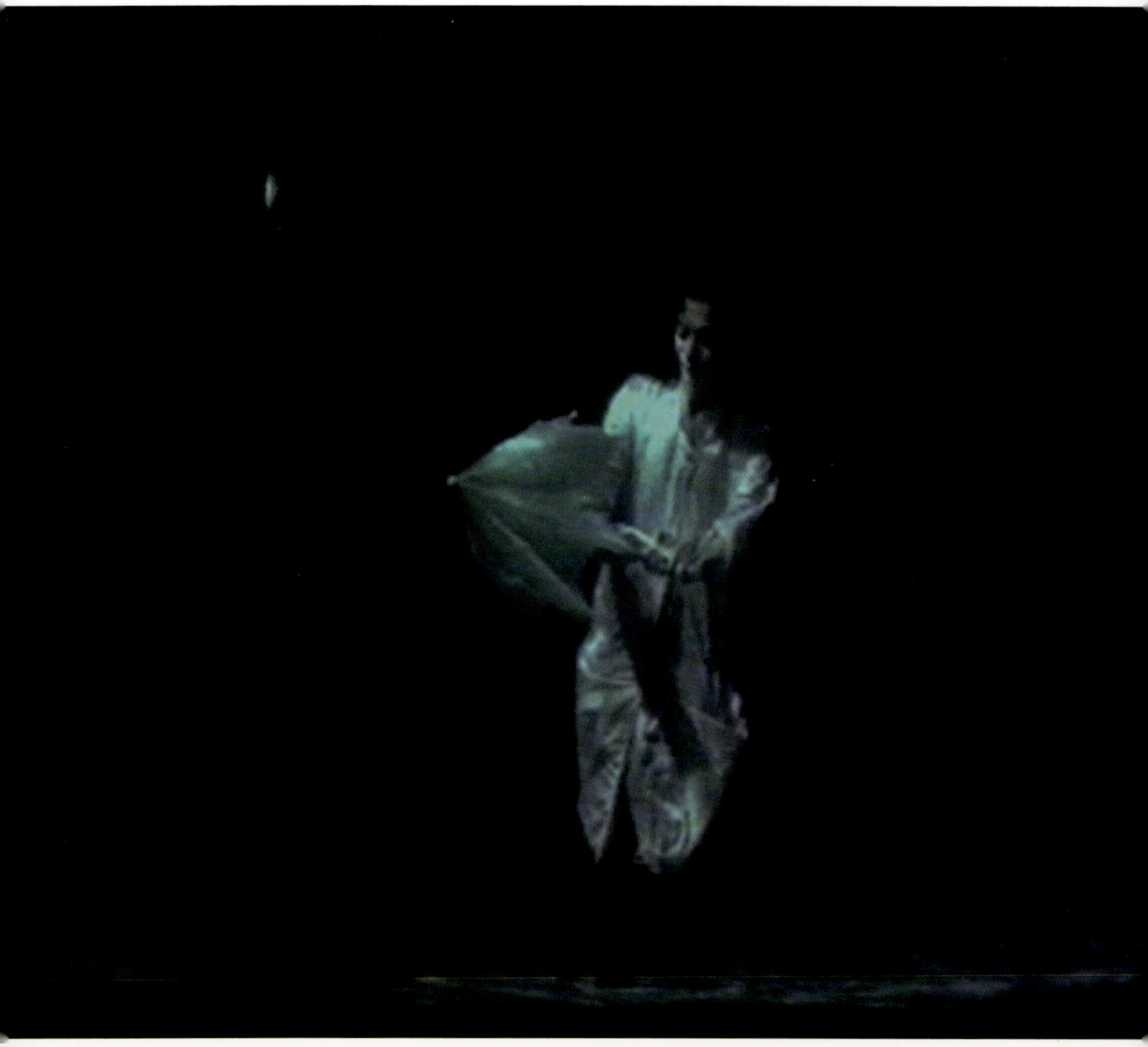

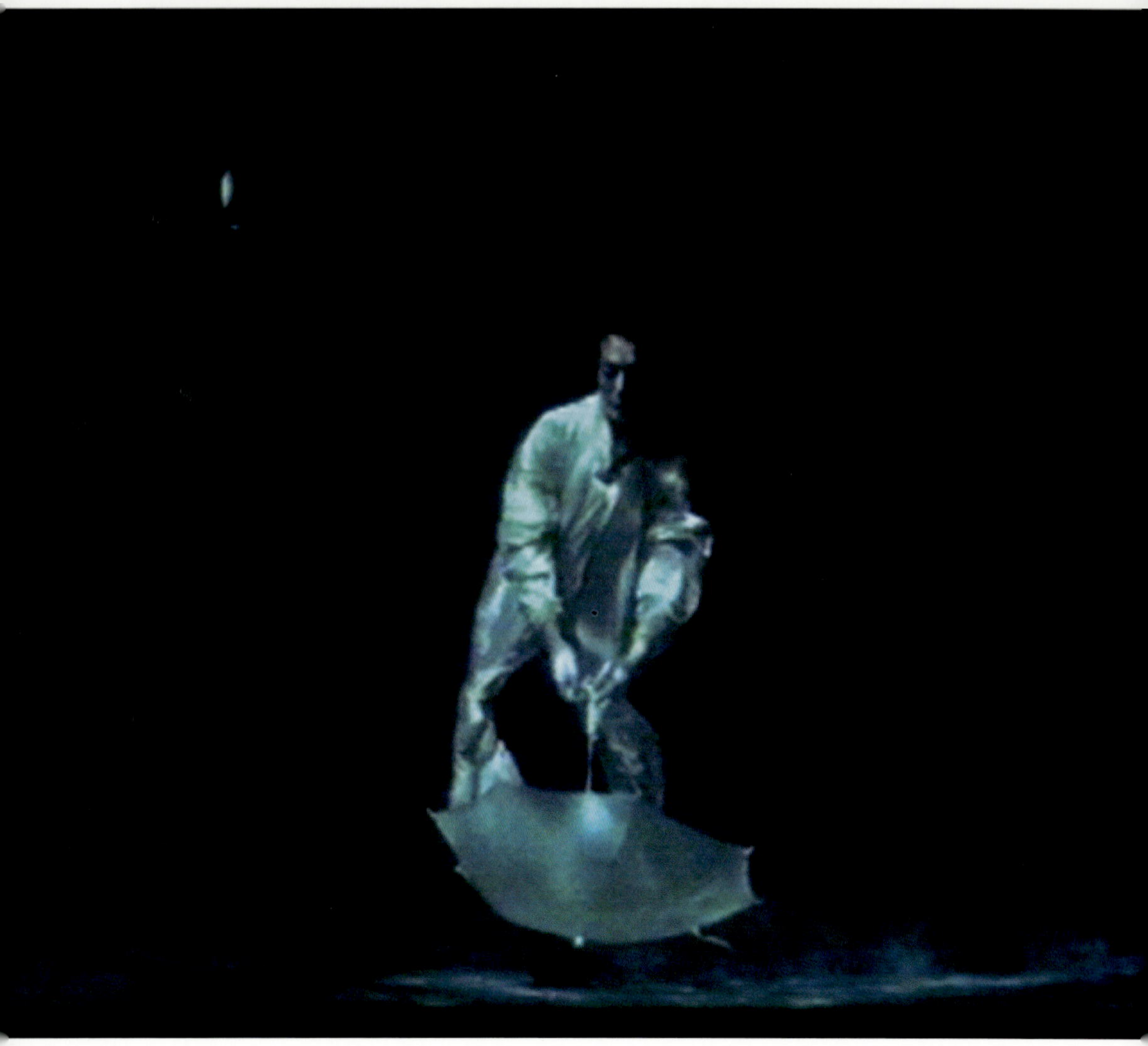

Sergio Risaliti

Grazia Toderi ha ricominciato a disegnare: disegni di misteriosa intimità e intensità come pagine tratte da un diario sentimentale. Si tratta di un esercizio quotidiano, eseguito per fermare frammenti di un immaginario transeunte; per cogliere al volo sensazioni e immaginazioni che altrimenti sarebbero cadute nel nulla come quelle che si disgregano nella giornaliera normalità delle telecomunicazioni. Ha intitolato questi disegni *Camera*, in modo da farci pensare a più spazi, ottiche, veicoli e strumenti. La camera in cui trascorre molto tempo, la tele-camera con la quale lavora, ma anche la camera oscura, la camera degli sposi e la camera di Combray. [...] I disegni sono stati eseguiti lentamente, con tempi tutti particolari. Alla varietà di tempi corrispondono tratti e proporzioni differenti. [...] La punta di una matita capta la vita affidandone il segnale alla superficie bianca. Come fossero non solo immagini, figure, ma allegorie e quindi *calligrammes*, i fragili disegni raccontano, alludono: lasciano immaginare. In ogni foglio compare sempre il suo piccolo televisore guardato dal letto; dentro allo schermo e attorno al televisore, come fossero costellazioni, ruotano tante cose e figure, immagini viste, altre solo fantasticate. Si intuisce che l'artista ha lavorato disegnando ore davanti al monitor [...]. La *camera* è satellite, l'artista è viaggiatore, il cuore è come una cometa nella notte. Il disegno monitoraggio. L'occhio, telescopico. Il foglio del giornale di bordo racconta mitologie cosmologiche, la mappa è quella astronomica, la camera con vista naviga direttamente nella volta stellata.

[...] Dall'oblò della *camera* l'artista ha intercettato fantasmi agitarsi nel niente, ha captato impercettibili traiettorie, seguito invisibili tracciati. [...] L'iconologia è complessa e quello disegnato è un rebus da capire e aprire tentando innumerevoli collegamenti.

Sergio Risaliti, in *Grazia Toderi*, Casino Luxembourg – Forum d'Art Contemporain, Luxembourg/Service art contemporain de la Ville de Saint-Nazaire, Saint-Nazaire, 1998.

Camera 35 (Room 35), 1997

pp. 124-125
Centro (Center), 1997

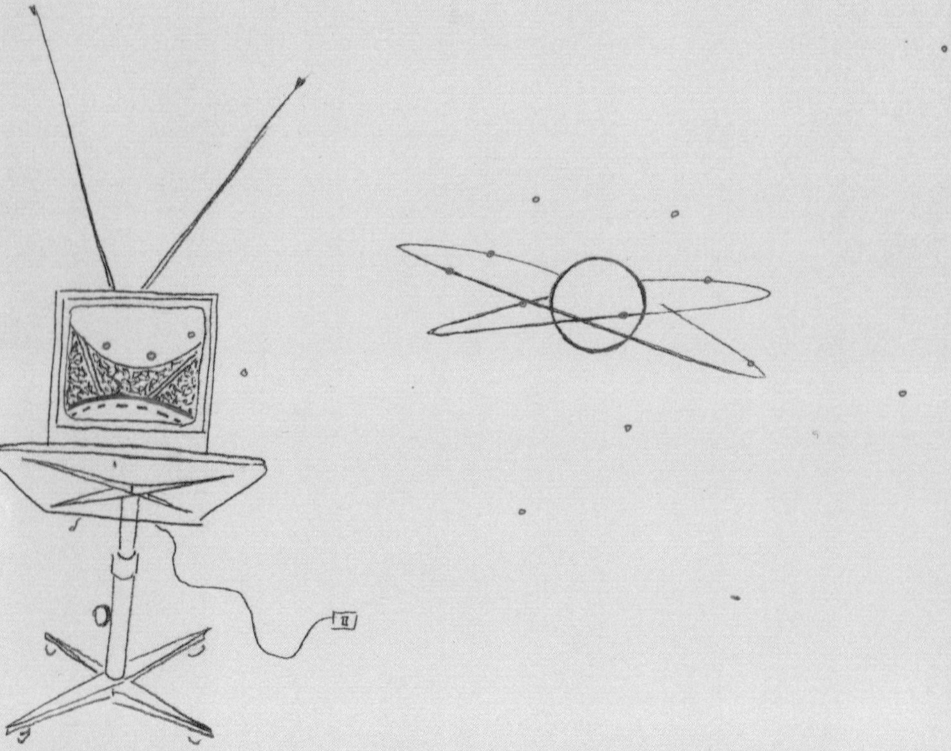

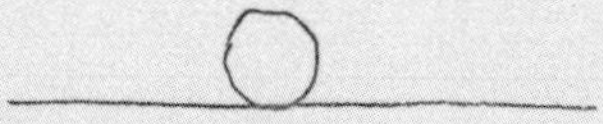

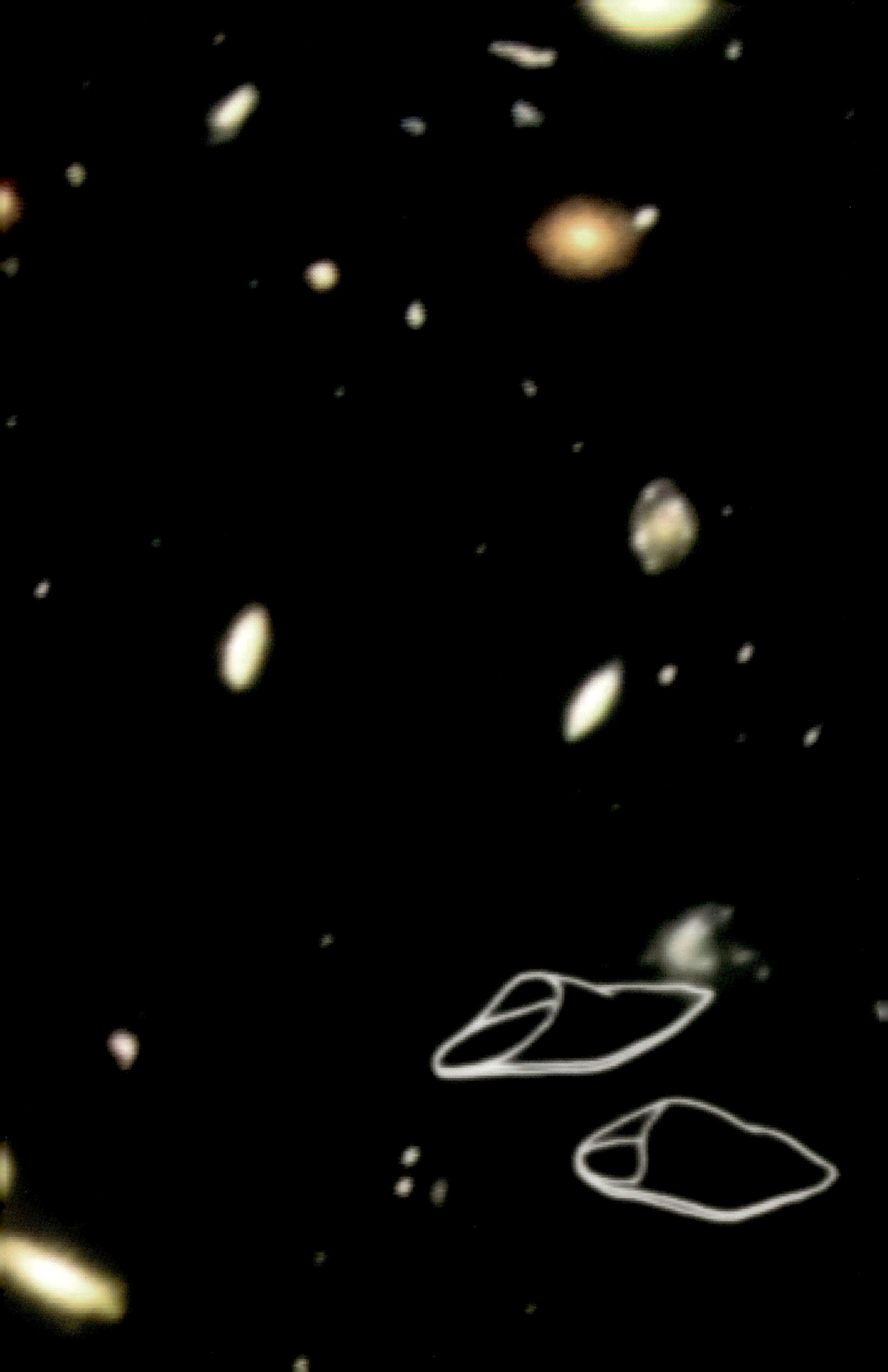

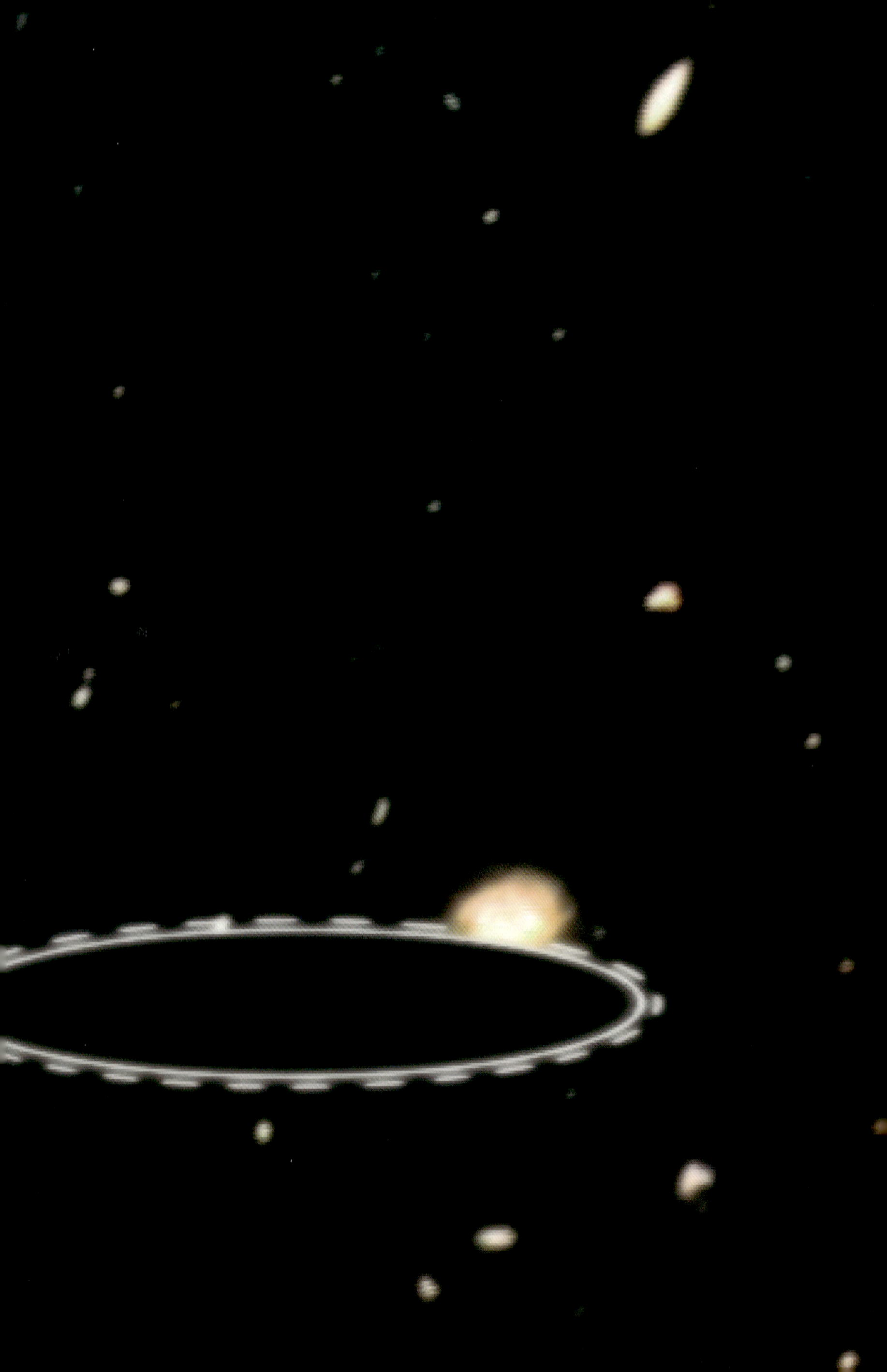

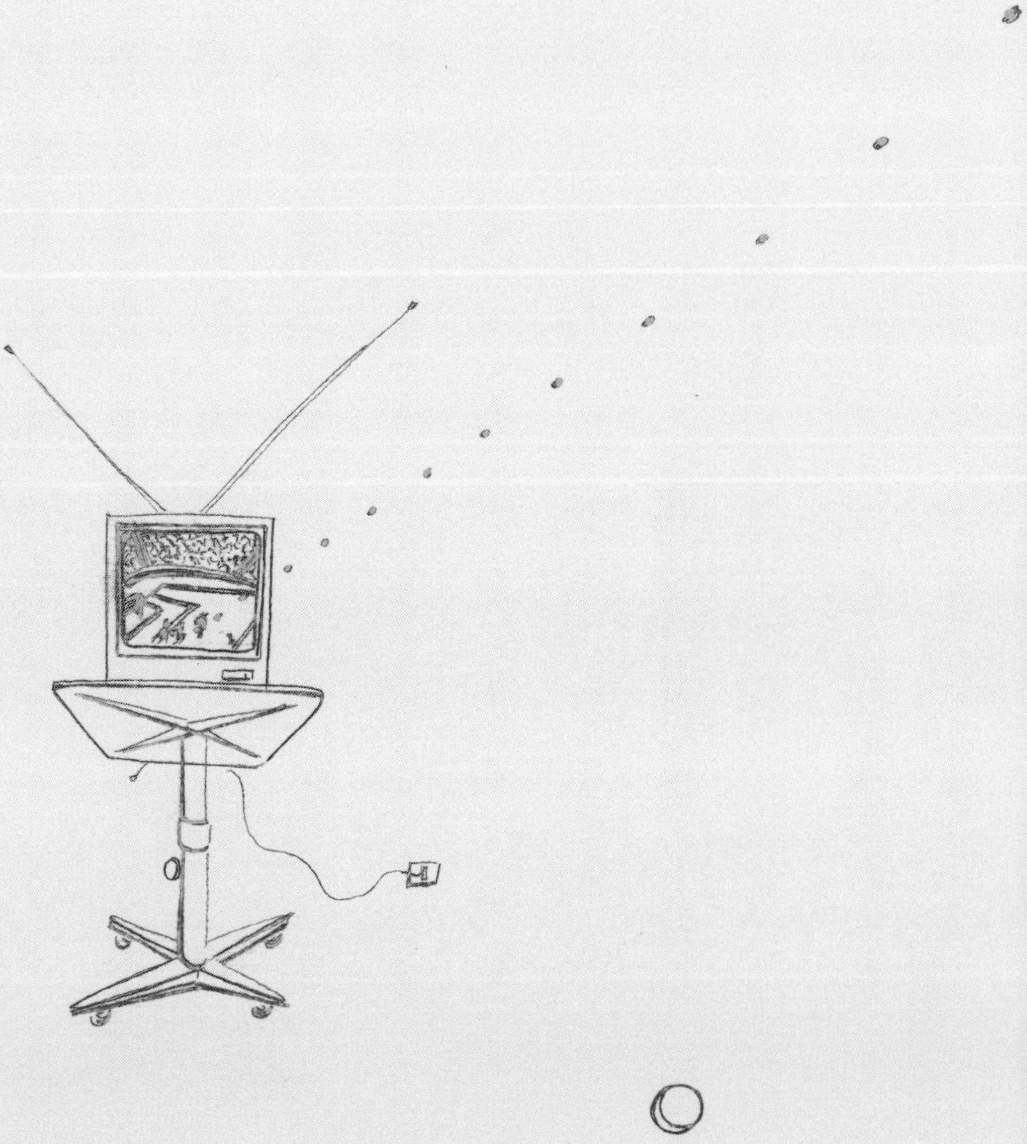

Sergio Risaliti

Grazia Toderi has returned to drawing: drawings that are mysterious and intense, like pages from a sentimental diary. A daily exercise, it is carried out to catch fragments of transient imaginings, in a bid to capture those sensations and images that would otherwise fall into nothingness, like those that meet the same fate in the everyday circuit of telecommunications. There are the drawings she has titled "Camera," so that we will think of further spaces, optics, vehicles and instruments. There is the room where she spends so much time, the video camera she works with, the darkened room, the newlyweds' chamber, Combray's room. [...] The drawings are painstakingly created at specific times. The variety of times corresponds with different strokes and proportions. [...] A pencil point captures life and entrusts a signal to the white surface, as if these were not merely images but allegories and, therefore, calligraphy. The fragile drawings interrelate and allude, leaving us free to imagine. Each sheet features its own small television as seen from the bed: on the screen and around the television set, like constellations, rotate things and figures, some images actually seen, others the fruit of the artist's imagination. We get the impression that the artist has spent hours drawing in front of the television screen. [...] The "Camera" is a satellite, the artist a voyager, her heart like a comet in the night. Drawings as monitorings. The eye, telescopic. A page from the logbook tells of cosmological mythologies; the map is astronomic, this room with a view is heading straight for the stars.
[...] From the porthole of the camera, the artist has intercepted these specters as they quiver in the void. She has captured imperceptible trajectories, followed invisible traces. [...] The iconology is complex, the drawing a cipher that will take innumerable combinations to crack.

Camera 24 (Room 24), 1997

p. 128
Autoritratto con Analemma (Self-portrait with Analemma), 2003

Sergio Risaliti, in *Grazia Toderi*, Casino Luxembourg – Forum d'Art Contemporain, Luxembourg/Service art contemporain de la Ville de Saint-Nazaire, Saint-Nazaire, 1998

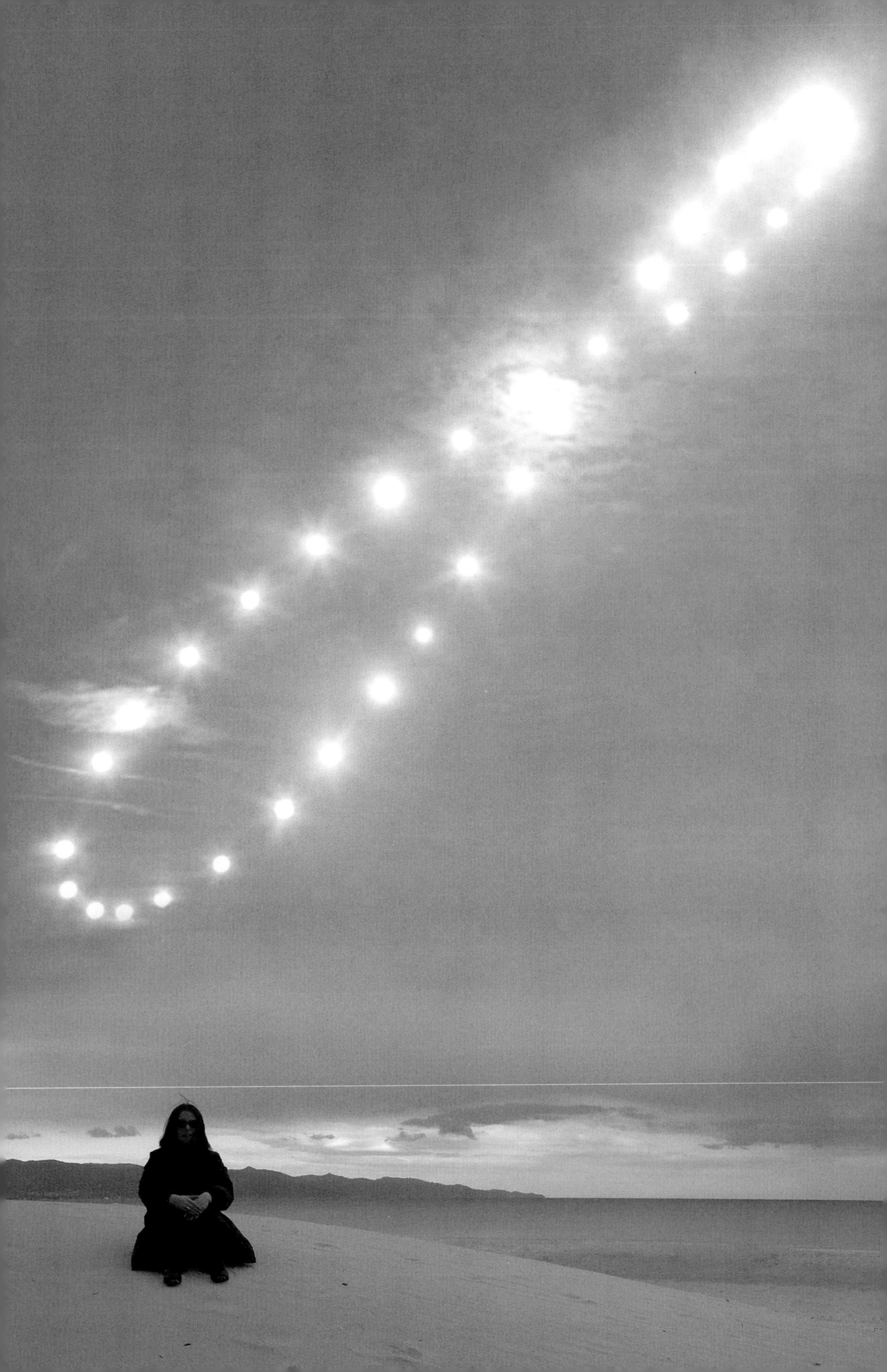

Elenco delle opere
List of Works

Semper eadem, 2004
(particolare/detail)
Progetto speciale per/Special project for Gran Teatro La Fenice di Venezia
Proiezione video/Video projection
Dimensioni variabili, colore, sonoro/ Dimensions Variable, color, sound, loop, DVD
pp. 3-8, 50-51

Milano (Milan), 2003
Proiezione video/Video projection
Dimensioni variabili, colore, sonoro/Dimensions Variable, color, sound, loop, DVD
Edizione di 4/Edition of 4
pp. 22-23

San Siro, 2000
Proiezione video/Video projection
Dimensioni variabili, colore, sonoro stereo/Dimensions Variable, color, stereo sound, loop, DVD
Edizione di 4/Edition of 4
Museum of Contemporary Art, Los Angeles 1/4
Collezione privata/Private collection, Milano 2/4
Collezione privata/Private collection, Portugal 3/4
P.A.C, Padiglione d'Arte Contemporanea, Comune di Milano, Milano 4/4
p. 27

Q, 2003
Proiezione video/Video projection
Dimensioni variabili, colore, sonoro/Dimensions Variable, color, sound, loop, DVD
Edizione di 4/Edition of 4
pp. 28, 29, 30-31

Centaurus, 2003
Cibachrome tra plexiglass/Cibachrome between Plexiglass
cm 100 x 70
Edizione di 5/Edition of 5
p. 33

Centaurus, 2003
Installazione realizzata per/Installation realized for Cripta San Giovanni dei Fiorentini, Roma
Proiezione video/Video projection
Dimensioni variabili, colore, sonoro/ Dimensions Variable, color, sound, loop, DVD
Copia unica/Unique copy
Photo Paolo Pellion
pp. 34, 35

Orchestra, 2003
Proiezione video/Video projection
Dimensioni variabili, colore, sonoro/Dimensions Variable, color, sound, loop, DVD
Edizione di 4/Edition of 4
p. 41

Olympia, 2001
Proiezione video/Video projection
Dimensioni variabili, colore, sonoro/Dimensions Variable, color, sound, loop, DVD
Edizione di 4/Edition of 4
pp. 42, 43

Apollo, 2003
Proiezione video/Video projection
Dimensioni variabili, colore, sonoro/Dimensions Variable, color, sound, loop, DVD
Edizione di 4/Edition of 4
p. 45

Apollo, 2003
Proiezione video/Video projection
Dimensioni variabili, colore, sonoro/Dimensions Variable, color, sound, loop, DVD
Edizione di 4/Edition of 4
Collezione/Collection Anthony T. Podesta, Washington 2/4
p. 46

Centro (Center), 2004
(particolare/detail)
5 Cibachrome tra plexiglass/5 Cibachrome between Plexiglass
cm 35 x 29,5
Edizione di 5/Edition of 5
pp. 48, 49

Il decollo (The Takeoff), 1998
Proiezione video/Video projection
Dimensioni variabili, colore, sonoro stereo/Dimensions Variable, color, stereo sound, loop, DVD
Copia unica/Unique copy
Castello di Rivoli Museo d'Arte Contemporanea, Rivoli, Torino
pp. 54-55, 56-57

Il mondo privato (Private World), 2003
Cibachrome tra Plexiglass/Cibachrome between plexiglass
cm 200 x 125
Edizione di 5/Edition of 5
p. 60

Il mondo privato (Private World), 2003
Due proiezioni video/Two video projections
Dimensioni variabili, colore, sonoro stereo/Dimensions Variable, color, stereo sound, loop, DVD
Edizione di 4/Edition of 4
p. 63

Empire, 2002
Due proiezioni video/Two video projections
Dimensioni variabili, colore, sonoro stereo/Dimensions Variable, color, stereo sound, loop, DVD
Edizione di 4/Edition of 4
pp. 76-77

Diamante (Diamond), 2001
Cibachrome tra Plexiglass/Cibachrome between plexiglass
cm 125 x 176
Edizione di 5/Edition of 5
pp. 78-79

Subway Series, 2001
Quattro proiezioni video/Four video

projections
Dimensioni variabili, colore, sonoro/
Dimensions Variable, color, sound,
loop, DVD
Edizione di 4/Edition of 4
Collection Gio' Marconi, Milano 1/4
GAM Galleria d'Arte Moderna, Torino
e/and Castello di Rivoli Museo d'Arte
Contemporanea, Rivoli, Torino 2/4
pp. 80-81

Super Tuesday, 2001
Proiezione video/Video projection
Dimensioni variabili, colore, sonoro/
Dimensions Variable, color, sound,
loop, DVD
Edizione di 4/Edition of 4
pp. 82, 83

Random, 2001
Proiezione video/Video projection
Dimensioni variabile, colore, senza
sonoro/Dimensions Variable, color, no
sound, loop, DVD
Edizione di 4/Edition of 4
pp. 84, 85, 86-87

Eclissi (Eclipses), 1999
Proiezione video/Video projection
Dimensioni variabili, colore, sonoro
stereo/Dimensions Variable, color,
stereo sound, loop, DVD
Edizione di 3/Edition of 3
Fondation NSM, Paris 1/3
Anthony T. Podesta, Washington 2/3
Ludwig Museum, Aachen 3/3
p. 88

Stage, 2000
Proiezione video/Video projection
Dimensioni variabili, colore, sonoro
stereo/Dimensions Variable, color,
stereo sound, loop, DVD
Edizione di 3/Edition of 3
Collezione/Collection Michel Rein, Paris
p. 90

Arena, 2000
Proiezione video/Video projection
Dimensioni variabili, colore, sonoro
stereo/Dimensions Variable, color,
stereo sound, loop, DVD
Edizione di 3/Edition of 3
Collezione/Collection Paolo
Consolandi, Milano 1/3
Collezione/Collection Rosa e Gilberto
Sandretto, Milano 2/3
Collezione/Collection Anthony T.
Podesta, Washington 3/3
p. 91

Planeta, 2001
Proiezione video/Video projection
Dimensioni variabili, colore,
sonoro/Dimensions Variable, color,
sound, loop, DVD
Edizione di 4/Edition of 4
Collezione/Collection Museu
Serralves, Porto 1/4
pp. 92-93

London, 2001
Progetto commissionato dal/Project
commissioned by the Lux Centre
Proiezione video/Video projection
Dimensioni variabili, colore, sonoro
stereo/Dimensions Variable, color,
stereo sound, loop, DVD
Edizione di 4/Edition of 4
Collezione/Collection Worcester City
Art Gallery, London 1/4
Collezione/Collection Paolo e
Maddalena Kind 2/4
Collezione/Collection Teresa Sapey,
Madrid 3/4
p. 95

Mirabilia Urbis, 2001
Proiezione video/Video projection
Dimensioni variabili, colore,
sonoro/Dimensions Variable, color,
sound, loop, DVD
Edizione di 4/Edition of 4
Collezione/Collection Berlingeri, Roma
1/4
Collezione/Collection Luca Josi, Roma
2/4
Collezione/Collection Renata
Novarese, Moransengo 3/4
Collezione/Collection Giulio Di
Groppello, Roma 4/4
pp. 96-97

London, 2001
Progetto commissionato dal/Project
commissioned by the Lux Centre
Quattro proiezioni video/Four video
projections
Dimensioni variabili, colore, sonoro
stereo/Dimensions Variable, color,
stereo sound, loop, DVD
Edizione di 4/Edition of 4
p. 98

Il fiore delle 1001 notte (The Flower of
1001 Nights), 1998
Proiezione video/Video projection,
DVD
Dimensioni variabili, colore, sonoro
stereo/Dimensions Variable, color,
stereo sound 18 min.
Edizione di 3/Edition of 3
Collezione/Collection Warly e Roberto
Tomei, Milano 1/3
Collezione/Collection Fondation
François Pinault, Paris 2/3
Collezione/Collection Rosa e Gilberto
Sandretto, Milano 3/3
pp. 101, 102-103, 104-105

Prove per la luna (Tests for the Moon),
1996
Proiezione video/video projection, Pal,
Betacam
Dimensioni variabili, colore, sonoro
stereo/Dimensions Variable, color,
stereo sound, 20 min.
Copia unica/Unique copy
Collezione/Collection Gemma De
Angelis Testa, Milano
pp. 106, 107

Nata nel '63 (Born in '63), 1996
Proiezione video/video projection, Pal,
Betacam
Dimensioni variabili, colore, sonoro
stereo/Dimensions Variable, color,

stereo sound, 30 min.
Copia unica/Unique copy
Collezione/Collection Alice Setari, Milan
pp. 108, 109

Sogni d'oro, J.F.K. (Golden Dreams, J.F.K.), 1998
Due proiezioni video/Two video projections, Pal, Betacam
Dimensioni variabili, colore, sonoro stereo/Dimensions Variable, color, stereo sound, 30 min.
Copia unica/Unique copy
Collezione dell'artista/Collection of the artist, Milano
pp. 110, 111

Ragazzi caduti dal cielo (Kids Falling from the Sky), 1998
Proiezione video/Video projection, DVD
Dimensioni variabili, colore, sonoro stereo/Dimensions Variable, color, stereo sound, 8 min.
Copia unica/Unique copy
Collezione/Collection Rosa e Gilberto Sandretto, Milan
pp. 112, 114

Terra (Earth), 1997
Proiezione video/video projection, Pal, Betacam
Dimensioni variabili, colore, sonoro stereo/Dimensions Variable, color, stereo sound, 30 min.
Copia unica/Unique copy
F.R.A.C. Bourgogne, Dijon
pp. 116-117

Zuppa dell'eternità e luce improvvisa (Soup of Eternity and Sudden Light), 1994
Proiezione video/video projection
Dimensioni variabili, colore, senza sonoro, loop/Dimensions Variable, color, no sound, loop, Pal, Betacam
Copia unica/Unique copy
F.R.A.C. Languedoc-Roussillon, Montpellier
pp. 118, 120, 121

Camera 35 (Room 35), 1997
Disegno su carta/Drawing on paper
cm 31x23
p. 123

Centro (Center), 1997
Proiezione video/Video projection
Dimensioni variabili, colore, senza sonoro, loop/Dimensions Variable, color, no sound, loop, Pal, Betacam
Edizione di 4/Edition of 4
Galleria Nazionale d'Arte Moderna, Roma 1/4
Collezione dell'artista/Collection of the artist 2/4
pp. 124-125

Camera 24 (Room 24), 1997
Disegno su carta/Drawing on paper
cm 31 x 23
p. 126

Autoritratto con Analemma (Self-portrait with Analemma), 2003
Progetto speciale per/Special project for "I Love Museum"
Cibachrome tra Plexiglass/Cibachrome between Plexiglass
cm 71,5 x 50
Edizione di 5/Edition of 5
p. 128

Apparati / Appendix

Mostre personali selezionate
Selected Solo Exhibitions

Nata a Padova nel 1963, vive e lavora a Milano.
Born in Padua in 1963, lives and works in Milan.

1994
Grazia Toderi, Galleria Fac-Simile, Milano.

1995
Grazia Toderi. Potage éternel et clarté soudaine (a cura di/curated by A. Barak), Galerie de l'Eole, Frac Languedoc-Roussillon, Montpellier* (testo di/text by S. Risaliti).
Grazia Toderi. Evaporazione, Studio Casoli, Milano.

1996
Grazia Toderi (a cura di/curated by G. Verzotti), Galleria Artra, Milano* (testo di/text by G. Verzotti).

1997
Grazia Toderi, (a cura di/curated by S. Risaliti), Galleria Scognamiglio & Teano, Napoli* (testo di/text by S. Risaliti).

1998
Grazia Toderi (a cura di/curated by E. Latreille), Frac Bourgogne, Dijon.
Grazia Toderi. Messaggeri, Galleria Gio' Marconi, Milano.
Grazia Toderi. Centro (a cura di/curated by S. Legrandjaques, E. Lunghi), Casino Luxembourg, Luxembourg; Galerie des Franciscains, Saint-Nazaire, Francia* (testi di/texts by R. Martinez, S. Risaliti).
Grazia Toderi (a cura di/curated by I. Gianelli, M. Beccaria), Castello di Rivoli Museo d'Arte Contemporanea, Rivoli-Torino* (testi di/texts by N. Spector, G. Toderi; ed. Castello di Rivoli, Torino/Charta, Milano).

1999
Grazia Toderi, Galleria S.A.L.E.S., Roma* (testo di/text by L.Cherubini).
Grazia Toderi. Projekt Raum (a cura di/curated by P. Allmann), Museum Ludwig, Köln* (testo di/text by P. Allmann).

2000
Grazia Toderi. Il decollo & il fiore delle 1001 notte (a cura di/curated by F. Bowie, J. Middleton)

Western Front, Vancouver.
Grazia Toderi (a cura di/curated by F. Pasini), Fondazione Teseco, Palazzo Lanfranchi, Pisa* (testo di/text by F. Pasini).
Grazia Toderi. Stage, Galerie Michel Rein, Paris.
Grazia Toderi, Galerie Meert-Rihoux, Bruxelles.

2001
Grazia Toderi, The Project, New York.
Grazia Toderi. Random (a cura di/curated by P. Falcone, L. Cherubini), Micromuseum, Palermo.
Grazia Toderi (a cura di/curated by A. Ruiz, G. Zamboni), Spazio Italia, Istituto Italiano di Cultura, Los Angeles* (testo di/text by A. Ruiz).
Grazia Toderi. Random/Ugo Rondinone, f a projects, London.
Grazia Toderi. Mirabilia Urbis, Galleria S.A.L.E.S., Roma.
Grazia Toderi. Audience, Galleria Gio' Marconi, Milano* (testo di/text by L. Cherubini).

2002
Grazia Toderi. Olympia /Homo ludens (a cura di/curated by G. Quaroni), Fundaciò Joan Mirò, Barcelona* (testo di/text by G. Quaroni).
Grazia Toderi. Amici Sostenitori del Castello di Rivoli. Borsa per giovani artisti, Artissima, Torino* (testo di/text by M. Beccaria).

2003
Ettore Spalletti. Grazia Toderi, Galerie Anne de Villepoix, Paris.
Grazia Toderi. Orchestra, (a cura di/curated by Franca Mancini), Galleria Franca Mancini, Pesaro* (testi di/texts by B. Cagli, P. Fabbri, A. Vettese).
Grazia Toderi, f a projects/West London Projects, London.
Grazia Toderi. Teatri, (a cura di/curated by F. Pasini) Fondazione Bevilacqua La Masa, Venezia* (testo di/text by F. Pasini).

Mostre collettive selezionate
Selected Group Exhibitions

1993
XLV Esposizione Internazionale d'Arte La Biennale di Venezia. Aperto'93 (a cura di/curated by A. Bonito Oliva, H. Kontova), Corderie dell'Arsenale, Venezia* (testo sull'artista di/text on the artist by H. Kontova; ed. Marsilio, Venezia).
Audience 0,01 (a cura di/curated by H. Kontova), Galleria Vera Vita Gioia, Napoli; Trevi Flash Art Museum, Trevi-Perugia; Ben Maltz Gallery-Otis College of Art and Design, Los Angeles* (testi di/texts by AA.VV; ed. Giancarlo Politi, Milano).

1994
Prima Linea (a cura di/curated by F. Bonami, G. Di Pietrantonio), Trevi Flash Art Museum, Trevi-Perugia* (testi di/texts by F. Bonami, G. Di Pietrantonio; ed. Giancarlo Politi, Milano).
Nuova Officina Bolognese. Arte visiva e sonora (a cura di/curated by P. G. Castagnoli, M. Felicori), Cankarjev Dom, Ljubljana* (testi di/texts by AA.VV; ed. Renografica, Bologna).
Entre l'image et la matière, Centre International d'Art Contemporain de Montréal, Montréal.

1995
Inizio di partita (a cura di/curated by F. Pasini), Piazza della Dama, Castelvetro-Modena* (testo di/text by F. Pasini).
Currents '95: Familiar Places (a cura di/curated by L. Gangitano, M. Kalinovska), The Institute of Contemporary Art, Boston.
Tradition & Innovation: Italian Art since 1945 (a cura di/curated by F. Bonami), National Museum of Contemporary Art, Seoul* (testo di/text by F. Bonami).

1996
Arrêt sur images (a cura di/curated by E. Lunghi), Casino Luxembourg, Luxembourg* (testo di/text by E. Lunghi).
New York Video Festival (a cura di/curated by M. Masone, G. Smith), Film Society of Lincoln Center, New York.
Fuzzy Logic (a cura di/curated by M. Beccaria), The Institute of Contemporary Art, Boston.

XII Esposizione Quadriennale d'Arte di Roma. Ultime Generazioni, Palazzo delle Esposizioni, Roma* (testi di/texts by AA.VV.; ed. De Luca, Roma).
Such Is Life (a cura di/curated by J. Watkins), Serpentine Gallery Lawn, London; Herzliya Museum of Art, Herzliya-Tel Aviv.
Hide and Seek. Art Focus 2 (a cura di/curated by A. Barak), Teddy Kollek Stadium, Jerusalem* (testo di/text by A. Barak).

1997
Rooms with a View (a cura di/curated by J. Hanhardt, N. Spector), Guggenheim Museum Soho, New York* (testi di/texts by J. Hanhardt, N. Spector).
Fatto in Italia/Made in Italy (a cura di/curated by P. Colombo), Centre d'Art Contemporain, Genève; Institute of Contemporary Arts, London* (testi di/ texts by AA.VV.; ed. Electa, Milano).
Pittura italiana da Collezioni italiane (a cura di/ curated by I. Gianelli, G. Verzotti), Castello di Rivoli Museo d'Arte Contemporanea, Rivoli-Torino* (testo sull'artista di/text on the artist by G. Verzotti; ed. Castello di Rivoli, Torino/Charta, Milano).
Perché? Fuori Uso '97 (a cura di/curated by G. Di Pietrantonio), Ex deposito Gestione Governativa F.E.A., Pescara* (testo sull'artista di/text on the artist by E. De Cecco, ed. Arte Nova, Pescara).
5th International Istanbul Biennial (a cura di/curated by R. Martinez), Istanbul Foundation for Culture and Arts, Istanbul* (testo sull'artista di/text on the artist by S. Risaliti).

1998
La sphère de l'intime (a cura di/curated by J. Sans), Printemps de Cahors, Cahors* (testi di/texts by AA.VV.; ed. Le Printemps de Cahors, Cahors/Acte Sud).
Côte Sud... Entschuldigung (a cura di/curated by J. L. Moubant), Institute d'Art Contemporain, Frac Rhône-Alpes - Nouveau Musée, Villeurbanne-Lyon; Centre d'Art Contemporain La Ferme du Buisson* (testi di/texts by AA.VV.).
11th Biennale of Sidney. Every Day (a cura di/curated by J. Watkins), Australian Centre for Photography, Paddington-New South Wales* (testo sull'artista di/text on the artist by I. Swenson).
Voyager (a cura di/curated by S. Risaliti, M. Eremita), Palazzo delle Papesse, Siena* (testo sull'artista di/text on the artist by S. Risaliti).

1999
Public – Private (a cura di/curated by H. Fijen), Netherlands Media Art Institute, MonteVideo/TBA, Amsterdam* (testo sull'artista di/text on the artist by L. Cerizza).
48a Esposizione Internazionale d'Arte La Biennale di Venezia. DAPERTutto (a cura di/curated by H. Szeemann), Venezia* (testi di/texts by AA.VV.; ed. Marsilio, Venezia).
Faiseurs d'Histoires (a cura di/curated by E. Lunghi), Casino Luxembourg, Luxembourg* (testi di/ texts by AA.VV.).
Liliana Moro, Grazia Toderi, Monica Bonvicini (a cura di/curated by S. Bos), De Appel Foundation, Amsterdam* (testo sull'artista di/text on the artist by L. Cherubini; ed. De Appel Foundation, Amsterdam).
Get Together. Kunst als Teamwork (a cura di/ curated by M. Piffer Damiani), Kunsthalle Wien, Wien* (testo sull'artista di/text on the artist by G. Quaroni; ed. Folio, Wien).
Il Sentimento del 2000. Arte e foto: 1960/2000 (a cura di/curated by D. Palazzoli), Palazzo della Triennale, Milano* (testo sull'artista di/text on the artist by E. De Cecco; ed. Electa, Milano).
Exit, art and cinema at the end of the century (a cura di/curated by C. Perrella), Chisenhale Gallery, London.

2000
Commotion in the Ocean (a cura di/curated by A. Cruz, D. Friedman, D. Molon), Art Miami 2000* (testo di/text by D. Molon).
Tuscia Electa, (a cura di/curated by F. Cavallucci), Teatro Niccolini, San Casciano Val di Pesa-Firenze* (testo sull'artista di/text on the artist by L. Cherubini; ed. Hopefulmonster, Torino).
Quotidiana (a cura di/curated by I. Gianelli, D. Ross, N. Serota, J. Watkins, G. Verzotti), Castello di

Rivoli Museo d'Arte Contemporanea, Rivoli-Torino* (testo sull'artista di/text on the artist by M. Beccaria; ed. Castello di Rivoli, Torino/Charta, Milano).
Himmelfahrt (a cura di/curated by P. Giloy-Hirtz, P. B. Steiner), Diözesanmuseum, München/Freising* (testo sull'artista di/text on the artist by P. Giloy-Hirtz; ed. Hatje Cantz, Ostfildern-Ruit).
Die andauernden Städte. Urbane Situazionen, Galerie im Taxispalais, Innsbruck.*
Waiting... (a cura di/curated by L. Hammer), Mjellby Konstgård, Halmstad, Sweeden* (testo di/text by S. Morrisey).
Leaving the island (a cura di/curated by Young Chul Lee, R. Martinez, H. Hanru), Metropolitan Museum of Art, Pusan, Corea del Sud* (testi di/texts by AA.VV.).
Novecento. Arte e Storia in Italia (a cura di/curated by M. Calvesi), Mercati di Traiano, Roma* (testi di/texts by AA.VV.; ed. Skira, Genève).

2001
Subject Plural: Crowds in Contemporary Art (a cura di/curated by P. Morsiani), Contemporary Arts Museum, Houston* (testi di/texts by P. Morsiani, P. Wollen).
False Start (a cura di/curated by C. Brunson), Center for Curatorial Studies at Bard College, New York* (testo sull'artista di/text on the artist by C. Brunson).
The Overexcited Body (a cura di/curated by A. von Fürstenberg, Y. Tzirtzilakis), Velodromo Vigorelli, Milano; Office des Nations Unies, Genève; Palazzo dell'Arengario, Milano; SESC Pompeia, São Paulo* (testo di/text by A. von Fürstenberg, Y. Tzirtzilakis; ed. Art for the World, Genève).
Visioni a catena. Famiglia, politica e religione nell'ultima generazione di Arte Italiana Contemporanea (a cura di/curated by F. Bonami, A. Yasuda), Hara Museum of Contemporary Art, Tokyo* (testi di/texts by AA.VV.; ed. Canale Arte Torino).
Anteprima Bovisa, Milano Europa 2000. Fine secolo. I semi del futuro (a cura di/curated by G. De Marchis, A. Mottola Molfino, S. Pinto), PAC/Palazzo della Triennale, Milano* (testo sull'artista di/text on the artist by S. Pinto; ed. Electa, Milano).
Squatters (a cura di/curated by V. Todolí, J. Fernandes, B. Mari, M. von Hafe Perez), Museo de Arte Contemporanea de Serralves, Porto* (testo sull'artista di/text on the artist by L. Cherubini; ed Fundaçao de Serralves, Porto).
Monitor: Volume1, Gagosian Gallery, New York.
Media Connection (a cura di/curated by G. Romano), Palazzo delle Esposizioni, Roma; Palazzo della Triennale, Milano* (testo di/texts by Gianni Romano; ed. Libri Scheiwiller, Milano).
Moving Pictures. 5° Internationale Foto-Triennale Esslingen (a cura di/curated by R. Wiehager), Villa Merkel, Esslingen am Neckar* (testo sull'artista di/text on the artist by R. Scheutle; ed. Hatje Cantz, Ostfildern-Ruit).
SportCult (a cura di/curated by E. Arratia), Apexart, New York.
A History of Italian Art in the 20th Century (a cura di/curated by S. Pinto), Museum of Contemporary Art, Tokyo* (testi di/texts by AA.VV.; ed. Skira, Milano).
FutureLand (a cura di/curated by V. Loers), Städtisches Museum Abteiberg, Mönchengladbach/Museum van Bommel van Dam, Venlo* (testi di/texts by AA.VV.; ed. Städtisches Museum Abteiberg, Mönchengladbach/Museum van Bommel van Dam, Venlo).
Tracey Rose, Grazia Toderi, Uri Tzaig, The Project, Los Angeles.

2002
De Gustibus (a cura di/curated by A. Bonito Oliva, S. Risaliti), Palazzo delle Papesse - Museo Archeologico S. Maria della Scala, Siena* (testi di/texts A. Bonito Oliva, S. Risaliti; ed. m&m, Pistoia).
Appunti allo stadio (a cura di/curated by M. Margozzi, L. Mancioli), Palazzo delle Esposizioni, Roma; Seoul Art Center, Seoul; Sakip Sabanci Museum, Istanbul* (testo di/text by M. Margozzi; ed Carismarte/Impressioni d'Arte, Roma).
Parole parole parole (a cura di/curated by A. Borgogelli, F. Cavallucci), Galleria Civica d'Arte Contemporanea, Trento* (testi di/texts by A.

Borgogelli, F. Cavallucci; ed. Galleria Civica d'Arte Contemporanea, Trento).
Arte in video (a cura di/curated by M. Beccaria, F. Bernardelli), Castello di Rivoli Museo d'Arte Contemporanea, Rivoli-Torino* (testi di/texts by M. Beccaria, F. Bernardelli; ed. Castello di Rivoli, Torino).
Art Unlimited. Art Basel 33, Basel*.
Slow Motion. Positions of Contemporary Video Art (a cura di/curated by A. Kolossa), Ludwig Forum für Internationale Kunst, Aachen, Germania* (Cd).
Body Power/Power Play (a cura di/curated by A. Jahn), Württembergischer Kunstverein, Stuttgart* (testo sull'artista di/text on the artist by R. Cristofori; ed. Hatje Cantz, Ostfildern-Ruit/ Württembergischer Kunstverein, Stuttgart).
Busan Biennale 2002, Busan Metropolitan Art Museum, Busan, Corea del Sud* (testi/texts AA.VV.).
Plus qu'une image – Nuit Blanche/ Nuit Vidéo (a cura di/curated by C. Bourgeois), Ancienne Pompes Funèbres de la Ville de Paris, Paris.

2003
Isola (Art) Project, Stecca degli Artigiani, Milano.
Himmelschwer. Transformationen der Schwerkraft (a cura di /curated by J. Rauchenberger, E. Louis, A. Kölbl, County-Museum Joanneum, Graz; *Himmel Falden,* Kunsthalle Brandts Klædefabrik, Odense-Denmark* (testi di /texts by AA.VV.; ed. Wilhelm Fink, München).
La ciudad radiante (a cura di/curated by A. Bonito Oliva, C. Casorati), Centre Cultural Bancaixa, Valencia* (testi di/texts by AA.VV.; ed. Skira, Milano).
Grazia Toderi Jorge Pardo Alighiero Boetti, Gio' Marconi, Milano.
XV Bienal Internacional del Deporte en el Arte, Centro de Arte de Salamanca, Palacio de la Conchas, Salamanca*.
Assenze. Presenze. Une nouvelle génération d'artistes italiens (a cura di/curated by E. Lambion), Le Botanique. Centre culturel de la Communauté française Wallonie, Bruxelles.
The Power of Wings, Duke University Museum of Art, Durham, North Carolina.
Lei. Donne nelle collezioni italiane, Fondazione Sandretto Re Rebaudengo, Torino* (testi di/texts by AA.VV.).
Intorno a Borromini (a cura di/curated by L. Pratesi e C. D'Orazio), Cripta Falconieri in S. Giovanni de' Fiorentini, Roma* (testi di/texts by AA.VV.; ed. Comune di Roma, Roma).

2004
Espace Odyssée-La quète de l'espace dans la musique depuis 1945 (a cura di/curated by E. Lavigne), Musée de la Musique, Paris*.
Body Works, (a cura di/curated by A. Michael, Y. Toumazis), Nicosia Arts Centre, Cyprus*.
Bambini nel tempo, (a cura di /curated by S. Risaliti, M. Scolaro), Palazzo Tè, Mantova* (testi di/texts by AA.VV.; ed. Skira, Milano).
Divine Heroes, (a cura di /curated by J. Rauchenberger, A. Kölbl), Minoriten Galleries, Graz* (testi di/texts by J. Rauchenberger, A. Kölbl; ed. Minoriten Gallerie, Graz).
Le opere e i giorni, (a cura di/curated by A. Bonito Oliva), Certosa di San Lorenzo, Padula* (testi di/texts by AA.VV.; ed. Skira, Milano).
a.i. 20 artisti in Italia nel ventesimo secolo (a cura di/curated by E. Lazzarin, P.P. Pancotto), Palazzo Mediceo di Seravezza, Seravezza*
Bienal de Pontevedra. In the beginning there was the travel, (a cura di/curated by M. Von Hafe Pérez, D. G. Torres), Museo de Pontevedra, Pontevedra, Spagna*.
Arti&Architetture 1900-2000, (a cura di/curated by G. Celant), Palazzo Ducale, Genova* (testi di/texts by AA.VV.; ed. Skira, Milano).

Progetti speciali selezionati
Selected Special Projects

1999
Il fiore delle 1001 notte, opere video per lo spettacolo omonimo/video works for the homonymous play, coreografia e regia di/ choreography and direction by Virgilio Sieni, musica originale di/original music by Giorgio Battistelli, costumi/customes by Miuccia Prada, Teatro Comunale, Modena; Teatro Comunale, Ferrara; Hebbel Theater, Berlin* (testi di/texts by AA. VV).

2000
Audience, proiezione video/video projection, Museo Nazionale del Cinema, Mole Antonelliana, Torino.
Firenze, stelle di terra, Piazza della Repubblica, Firenze. Progetto speciale per/Special project for Hugo Boss.

2001
Pandaemonium (a cura di/curated by G. Muir), The Lux Centre, London* (testo sull'artista di/text on the artist by N. Spector).

2003
Progetto Tiscali Campus (a cura di/curated by G. Cochrane), Sa Illetta-Cagliari* (testi di/texts by AA.VV.).

2004
Semper eadem (a cura di/curated by F. Pasini), proiezione video/video projection, Gran Teatro La Fenice di Venezia in collaborazione con/in collaboration with Fondazione Bevilacqua La Masa* (testi di/texts by AA.VV.; ed. Charta, Milano)

** Mostra con catalogo/Exhibition with catalogue*

Bibliografia/Bibliography

Scritti dell'artista selezionati/Selected Writing by of the Artist

1993
G. Toderi, *Rompere il guscio,* in "Blocnotes", n. 2, Paris, p. 47.

1995
G. Toderi, *Zuppa dell'eternità e luce improvvisa,* in C. Christov-Bakargiev, L. Pratesi (a cura di/ edited by), *Arte identità confini*, Carte Segrete, Roma, pp. 116-117, 166-167.

1997
G. Toderi, *Infinito,* in *Pittura italiana da Collezioni italiane,* Castello di Rivoli Museo d'Arte Contemporanea, Rivoli-Torino/Charta, Milano, p. 187.
G. Toderi, *Terra,* in *5th International Istanbul Biennial,* Istanbul Foundation for Culture and Arts, Istanbul, Vol. II, p. 86.

1998
G. Toderi, *Nontiscordardime, ...C'era in lei qualcosa della fata..., Zuppa dell'eternità e luce improvvisa, Caldo, Un tè tra i pazzi, Prove per la luna, Nata nel '63, Terra, Il cratere 8,* in *Grazia Toderi*, Castello di Rivoli Museo d'Arte Contemporanea, Rivoli-Torino/Charta, Milano, pp. 12, 16, 18-20, 23-24, 26-29, 31, 34-35, 39.

1999
G. Toderi, *Il decollo e Il fiore delle 1001 notte,* in H. Szeemann, C. Liveriero Lavelli (a cura di/ edited by), *48a Esposizione Internazionale d'Arte La Biennale di Venezia. DAPERTutto,* La Biennale di Venezia/Marsilio, Venezia, Vol. I, p. 202.

2000
G. Toderi, *Moto perpetuo,* in E. De Cecco, G. Romano (a cura di/edited by), *Contemporanee,* Costa&Nolan, Ancona-Milano, pp. 281-284.

2001
G. Toderi, *Nata nel '63*, in *Media Connection*, Libri Scheiwiller, Milano, p. 88.

Interviste selezionate/Selected Interviews

1998
K. Vonna, *Perdre le sens du temps*, in *Manifesto. Côté Sud...Entschuldigung,* Institut d'Art Contemporain, Villeurbanne-Lione/Centre d'Art Contemporain La Ferme du Buisson, Noisiel, pp. 93-95.
G. Curto, *Segreti d'artista. "Ecco come spio l'infinito fissando un fotogramma"*, in "Speciale Castello di Rivoli", inserto de/special issue of "La Stampa", Torino, 13 ottobre/October, p. 3.

1999
G. Maraniello, M. Gioni, *Grazia Toderi. Case di bambole,* in "Flash Art", anno XXXII, n. 216, Milano, giugno-luglio/June-July, pp. 80-83.
J. Baroni, *Il video antitelevisivo. Intervista a Grazia Toderi, un'artista alla Biennale*, in "Link", n. 4, novembre/November, pp. 162-169.

2001
E. Coen, *I video? Affreschi che emanano luce*, in "la Repubblica", Roma, 26 novembre/November, p. 28.

Testi di carattere generale selezionati/Selected General Works on the Artist

AA.VV., *Fresh Cream. Contemporary Art in Culture,* Phaidon, London (testo sull'artista di/text on the artist by B. Curiger), pp. 610-615.
AA.VV., *Espresso. Arte oggi in Italia*, Electa, Milano/Palazzo delle Papesse, Siena, pp. 339-340, 342-343, 380-381, 385-387.
AA.VV., *Fonds régional d'art contemporain de Bourgogne 1984-2000*, Frac Bourgogne, Dijon (testo sull'artista di/text on the artist by E. Latreille), pp. 360-361, 440, 465-466, 468-469.

2002
AA.VV., *New Screen Media Cinema/Art/Narrative*, bfi Publishing, London, p. 46.
U. Grosenick, B. Riemschneider (a cura di/edited by), *Art Now*, Taschen, Köln (testo sull'artista di/text on the artist by N. Montmann), pp. 508-511.
G. C. Argan, A. Bonito Oliva, *L'arte moderna, 1770-1970. L'arte oltre il Duemila*, Sansoni Editore, Milano, p. 342; fig. 311.
E. De Cecco, G. Romano, *Contemporanee*, Postmedia, Milano, pp. 14, 24, 26, 59, 259-263.
G. Maraniello (a cura di/edited by), *Arte in Europa 1990-2000,* Skira, Milano, pp. 107-108.

2003
C. Bertola (a cura di/edited by), *Incontri contemporanei,* Fondazione Querini Stampalia, Venezia (intervista all'artista di/interview with the artist by L. Cherubini), pp. 146-165.
I. Gianelli, M. Beccaria (a cura di/edited by), *Castello di Rivoli Museo d'Arte Contemporanea. La Residenza Sabauda-La Collezione,* Umberto Allemandi & C., Torino-Castello di Rivoli Museo d'Arte Contemporanea, Rivoli-Torno, pp. 350-353.
F. Poli (a cura di/edited by), *Arte contemporanea. Le ricerche internazionali dalla fine degli anni '50 a oggi*, Electa, Milano (testi di/texts by AA.VV.), pp. 328-331.

Quotidiani e periodici/Newspapers and Periodicals

1993
S. Risaliti, *Grazia Toderi. La passione violata,* in "Flash Art", anno/year XXVI, n. 176, Milano, giugno/June, pp. 92-93.

1994
C. Gray Anderson, *Grazia Toderi,* in "Flash Art", anno/year XXVII, n. 185, Milano, giugno/June, pp. 83-84.
F. Tanzi-Mira, *Le fiabe di Grazia,* in "Linus", anno/year XXX, n. 6, Milano, giugno/June, pp. 89-90.
R. Barilli, *Ciabatte e pennello,* in "L'Espresso", Roma, 10 giugno/June.

F. Pasini, *Grazia Toderi,* in "Artforum", vol. XXXIII, n. 1, New York, settembre/September, p. 113.

1995
R. Verdier, *Grazia Toderi/Eva Marisaldi,* in "Art Press", Paris, n. 201, aprile/April, p. 76.
E. De Cecco, *Inizio di partita,* in "Flash Art", anno/year XXVIII, n. 194, Milano, ottobre-novembre/October-November, p. 121.

1996
C. Piccoli, *Grazia Toderi,* in "Flash Art", anno/year XXIX, n. 196, Milano, febbraio-marzo/February-March, p. 96.
G. Verzotti, *Grazia Toderi,* in "Artforum", anno/year XXXIV, n. 8, New York, aprile/April, pp. 94-95.

1997
S. Bertini, *Bartolini e Toderi,* in "Tema celeste", Siracusa, gennaio-febbraio/January-February, p. 97.
G. Di Pietrantonio, *Anni Luce,* in "Flash Art", anno/year XXX, n. 202, Milano, febbraio-marzo/February-March, pp. 90-93.

1998
R. Barilli, *Viaggio in pantofole,* in "L'espresso", Roma, 19 marzo/March.
E. Bonessio di Terzet, *Grazia Toderi,* in "Tema celeste", n. 67, Milano, marzo-aprile/March-April, p. 85.
G. Verzotti, *Une politique de l'experience,* in "Artpress", n. 234, Paris, aprile/April, pp. 27-33.
C. Bovy, *Voyages ou destinations vers l'infini,* in "Grenge Spoun", Luxembourg, 24 aprile/April.
F. Clarinval, *Grazia Toderi: Mémoire et rêves,* in "Tageblatt", Luxembourg, 30 aprile/April-1 maggio/May.
O. Drolet, *Grazia Toderi,* in "Flash Art", anno/year XXXI, n. 209, Milano, aprile-maggio/April-May, p. 126.
O. Drolet, Grazia Toderi, in "Flash Art International", anno XXXI, n. 200, Milano, maggio-giugno/May-June, pp. 106-108.
P. Levi, *Grazia Toderi*, in "la Repubblica", n. 184, Torino, 6 agosto/August.
s.a./unknown, *Exporama-Grazia Toderi*, in "artpress", n. 239, Paris, ottobre/October, p. 17.
G. Curto, *Grazia Toderi, l'ora del video. L'incantesimo del Castello,* in "Speciale Castello di Rivoli", inserto de /special issue of "La Stampa", Torino, 13 ottobre/October, pp. 1-3.
L. Parola, *...e le immagini video di Grazia Toderi*, in "Torino sette", inserto de/special issue of "La Stampa", n. 510, Torino, 16 ottobre/October.
F. Pasini, *Vedova inedito e la giovane artista,* in "Il Secolo XIX", Genova, 17 ottobre/October, p. 25.
A. Vettese, *Dal bicchier d'acqua agli spazi siderali,* in "Il Sole 24 Ore", n. 286, Milano, 18 ottobre/October, p. 38.
G. Curto, *Videoaffreschi e traslocazioni,* in "Speciale grandi mostre", inserto de /special issue of "Il Giornale dell'Arte", anno/year XVI, n. 171, Torino, novembre/November, pagine non numerate/unpaginated.
S. Grasso, *Videocamera al Castello,* in "Corriere della Sera", Milano, 16 novembre/November.
L. Cherubini, *Il microcosmo infranto dell'enigmatica Toderi,* in "Il Giornale", Milano, 21 dicembre/December.
E. De Cecco, *Percorsi dello sguardo,* in "Flash Art", anno/year XXXI, n. 213, Milano, dicembre/December 1998-gennaio/January1999, pp. 96-101.
G. Curto, *Grazia Toderi-Castello di Rivoli*, in "Flash Art", anno/year XXXI, n. 213, Milano, dicembre/December 1998-gennaio/January1999, p. 130.
S. Lodi, *Grazia Toderi*, in "Segno", n. 165, Pescara, dicembre/December1998-gennaio/January1999, p. 50.

1999
S. Spada, *Grazia Toderi*, in "Tema celeste", n. 72, Milano, gennaio-febbraio/January-February, p. 94.
L. Pratesi, *Grazia Toderi un labirinto di video specchi,* in "la Repubblica", Roma, 4 febbraio/February.
L. Tansini, *Grazia Toderi. Ad Infinitum*, in "ArtByte", New York, febbraio-marzo/February-March, p. 55.
s.a./unknown, *Grazia Toderi im Projektraum des Museums Ludwig,* in "Kunst Bulletin", Zürich, aprile/April.
s.a./unknown, *Grazia Toderi. Szene Mailand,* in "Art", n. 4, Hamburg, aprile/April, pp. 12-13.

R. Ross, *Grazia Toderi,* in "Kunstforum", Köln, maggio-giugno/May-June.
P. Conti, *Biennale, vittoria italiana tutta al femminile,* in "Corriere della Sera", Milano, 13 giugno/June.
L. Cherubini, *Le immagini in gioco di Grazia Toderi,* in "Liberal", n. 74, Roma, 5 agosto/August, p. 77.
F. Bianchi, *Stadio e pubblico, un sogno spaziale,* in "La Gazzetta dello Sport", Milano, 18 Settembre/September, p. 9.

2000
Visionaire 30: The game, Visionaire Publishing, New York.
E. Vedrenne, *Grazia Toderi, la légèreté de l'infini,* in "L'œil", n. 517, Paris, giugno/June.
C. Leoni, *Grazia Toderi. Hugo Boss,* in "Flash Art", anno/year XXXIII, n. 224, Milano, ottobre-novembre/October-November, pp. 116-117.
F. Poli, *Grazia Toderi,* in "Tema celeste", anno/year XXVII, n. 82, Milano, ottobre-dicembre/October-December, p. 97.
F. Poli, *Grazia Toderi,* in "Tema celeste" (edizione inglese/English edition), anno/year XXVII, n. 82, Milano, ottobre-dicembre/October-December, p. 89.
L. Lambrecht, *San Siro. Video van Grazia Toderi,* in "De Morgen", Bruxelles, 20 dicembre/December.
s.a./unknown, Pisa: *Who's that girl?/Grazia Toderi,* in "Images Art & Life", n. 50-51.

2001
D. Salani, *Grazia Toderi,* in "Arte e Critica", n. 25, Roma, gennaio-marzo/January-March, p. 44.
G. Curto, *Rivoli premia Grazia Toderi,* in "TuttoLibriTempoLibero", supplemento di/supplement of "La Stampa", Torino, 28 aprile/April.
B. Della Casa, *Grazia Toderi. Stelle di terra,* in "Temporale", n. 52-53, Lugano, giugno/June, pp. 45-48.
P. N., *Flash in sala al Micromuseum ecco il Massimo visto dalla Toderi,* in "la Repubblica", n.127, Palermo, 1 giugno/June.
S. Troisi, *Quell'occhio barocco,* in "Il Sole 24 Ore", Milano, 24 giugno/June, p. XVII.
H. Cotter, *'Monitor: Volume 1'. Susan Hiller. 'Psi Girls',* in "The New York Times", New York, 13 luglio/July.
L. Le Feuvre, *Grazia Toderi. Random,* in "Katalog", vol. 13, n. 3, Odense, ottobre-autunno/October-Fall.
S. O'Reilly, *Grazia Toderi, Ugo Rondinone,* in "Time Out", London, 17 ottobre/October, p. 60.
T. Macrì, *Planimetrie celesti della città eterna,* in "il manifesto", n. 259, Roma, 28 ottobre/October, p. 13.
s.a./unknown, *Grazia Toderi in volo*, in "Arte e Critica", anno VII, n. 28, Roma, ottobre-dicembre/October-December, p. 38.
G. Williams, *Grazia Toderi/Ugo Rondinone,* in "Art Monthly", n. 251, London, novembre/November, p. 25.
L. Cherubini, *Oltre l'arcobaleno,* in "Ars", n. 12, Roma, dicembre/December, pp. 98-103.
M. Pellis, *Grazia Toderi fa davvero Audience con le sue video installazioni giganti,* in "Il Giorno", n. 288, Milano, 5 dicembre/December.

2002
H. Willis, *Video works by Tracey Rose, Grazia Toderi and Uri Tzaig,* in "LA Weekly", Los Angeles.
s.a./unknown, *La Fundación Miró acoge el trabajo de la italiana Grazia Toderi*, in "El Mundo", Barcelona, 26 gennaio/January.
A. Capasso, *Grazia Toderi,* in "Tema celeste", n. 88-89, Milano, gennaio-febbraio/January-February, p. 105.
s.a./unknown, *Grazia Toderi*, in "La Netro", Barcelona, febbraio/February, p. 115.
A. Pioselli, *Grazia Toderi,* in "Flash Art", anno/year XXXV, n. 232, Milano, febbraio-marzo/February-March, p. 118.
s.a./unknown, *Olympia. Grazia Toderi*, in "Casa Viva", Barcelona, marzo/March, p. 88.
M. Gandini, *Da Beuys a Toderi installazioni di parole*, in "TuttoLibriTempoLibero", supplemento de/supplement of "La Stampa", n. 1313, Torino, 1 giugno/June, p. 9.
L. Cherubini, *Confronting Pasolini*, in "Tema celeste" (edizione inglese/English Edition), n. 93, Milano, settembre-ottobre/September-October, pp. 52-57.
L. Cherubini, *A confronto con Pasolini*, in "Tema

celeste", n. 93, Milano, settembre-ottobre/ September-October, pp. 60-65.
F. Pasini, *Stelle di terra*, in "Linus", anno/year XXXVIII, n. 12 (453), Milano, dicembre/December, pp. 80-82.

2003
A. Bonito Oliva, *Gli artisti e la città un'idea per il futuro*, in "La Repubblica", Roma, 1 febbraio/ February, p. 34.
T. Macrì, *La città come pelle dell'individuo,* in "il Manifesto", Roma, 2 luglio/July, p. 14.
F. Pasini, *Nel silenzio dell'orchestra la vita privata della musica*, in "L'Unità", Milano, 14 settembre/ September, p. 29.
E. Tantucci, *Un video firmato Toderi per la Fenice che risorge,* in "La Nuova Venezia", Venezia, 21 ottobre/October, p. 46; in
D.Ferri, *Grazia Toderi*, in "Flash Art", anno/year XXXVI, n. 242, Milano, ottobre-novembre/October-November 2003, p. 139.
s.a./unknown, *Grazia Toderi-Teatri,* in "Modo", n. 231, Milano, dicembre/December.
M. Arfiero, *I Teatri di Grazia Toderi*, in "Mood", anno/ year IV, n. 59/60, Milano, dicembre/ December, p. 93.
L. Marucci, *Penone/Toderi* in "Juliet", n. 115, dicembre-gennaio/December-January 2004, p. 77.
C. Garrett, *Fondazione Bevilacqua La Masa*, in "Flash Art", anno/year XXXVII, n. 243, Milano, dicembre-gennaio/December-January 2004, p. 62.

2004
F. Pasini, *Grazia Toderi*, in "Artforum", anno/year XLII, n. 5, New York, gennaio/January, p. 161-162.
L. Cherubini, *Grazia Toderi*, in "Tema Celeste", n. 101, Roma, gennaio-febbraio/January-February, p. 142.
A. Vettese, *In video senza rete,* in "Vernissage", anno V, n. 45, supplemento de/supplement of "Il Giornale dell'Arte", anno/year XX, n. 228, Torino, gennaio/January, p. 3.
E. Di Martino, *Teatri, espressività dell'immaginario collettivo,* in "Il Gazzettino", Venezia, 8 gennaio/ January, p. XV.
A. Zevi, *Quattro contemporanei in cerca di Borromini,* in "Corriere della Sera", Milano, 5 gennaio/January, p. 29.

Per saperne di più su Charta ed essere sempre aggiornato sulle novità entra in

To find out more about Charta, and to learn about our most recent publications, visit

www.chartaartbooks.it

Finito di stampare nel novembre 2004
da Tipografia Rumor spa, Vicenza
per conto di Edizioni Charta